AF139227

Albanien &
Montenegro mit
dem Motorrad

Reise für Neugierige - Abenteuer garantiert

Von Marbie Stoner

Inhaltsverzeichnis

1. Buchbeschreibung

Warum nach Albanien fahren ?

Albanien befindet sich im Aufbruch, öffnet sich seit 1990 in einem rasanten Tempo, möchte als Urlaubsland entdeckt werden, und das nicht nur wegen der dringend benötigten Devisen von Touristen.

Welches Lachen wir auf die Gesichter zauberten, wenn wir (in Englisch) sagten, dass wir ausschließlich Albanien bereisen und nicht etwa auf der üblichen Durchgangsroute nach Griechenland sind! Dieses Balkanland war über fünf Jahrzehnte von der Umwelt in totaler Isolation während des kommunistischen Regimes durch Enver Hoxha abgeschottet, und wie in kommunistischen Diktaturen so üblich, in den Ruin getrieben. Sieben Jahre nach Ende des Kommunismus in 1997 herrschten im Land Bürgerkrieg und Anarchie.

Von der italienischen Adria nur 80 Kilometer Luftlinie entfernt blieb es lange Zeit ein fehlender Mosaikstein auf der Europakarte.

Ein sonniges Gebirgsland im westlichen Balkan von der Größe des Bundeslandes Brandenburg, ist es ein Paradies für Enduristen, die von keinen Verboten eingeschränkt werden, das gilt auch für das wilde Campen.

Wie schon 2012 in Rumänien ist es für uns spannend, ein Land im Aufbruch zu besuchen und zu erleben. Irgendwann wird es angepasst an den Tourismus von seiner Ursprünglichkeit etwas verloren haben.

Über die Autorin:

Marbie Stoner ist Jahrgang 1958, Mutter von zwei erwachsenen Töchtern, und schreibt unter Pseudonym. Sie lebt in Karben im Wetteraukreis in Hessen. Sie absolvierte einen Kurs in "Die Kunst des Schreibens" an der Axel Anderson Akademie im Bereich "Belletristik" sowie zahlreiche Kurse in der Hobbymalerei: Porträt und Landschaft. Veröffentlichungen bisher sechs E-Books mit Motorrad- reiseberichten aus Europa und Marokko.

Ferner ist sie Mitglied in der KünstlerInitiative Karben.

Ihre Freizeit verbringt sie auf dem Motorrad oder vor der Staffelei. Für Rückmeldungen und Kritik ist sie auf ihrer Website http://www.margitta-bieker.de oder auf http://marbieblog.wordpress.com dankbar.

2. Impressum

Hauptstraße 6

61184 Karben

Bildmaterialien:

© Marbie Stoner & George Schmittlein

kontakt@margitta-bieker.de

www.margitta-bieker.de

1. Auflage 2016

TWENTYSIX - der Selfpublishing Verlag.
Eine Kooperation der Verlagsgruppe Random
House und BOD - Books on Demand

Herstellung und Verlag:
BOD - Books on Demand, Norderstedt

ISBN: 9783740728663

Bibliografische Informationen der Deutschen Nationalbibliothek:

Die Deutsche Nationalbibliothek verzeichnet diese Publikation in der Deutschen Nationalbibliografie, detaillierte bibliografische Daten sind im Internet über dnb.dnb.de abrufbar.

3. Route im Überblick

So sind wir gefahren:

Karben - Solothurn/Schweiz - Gardasee/Italien - Ancona/Italien -

Fähre nach Durrës/Albanien -

Berat/Albanien - Gjirokaster/Albanien - Pogradec am Ohridsee -

Librazhd mit unbekannter Schotterstrecke gen Norden nach Burrel-

Škodra/Albanien - Sveti Stefan/Montenegro - Perast/Montenegro - Mojkovac/Montenegro - Bijela/Montenegro -

Trogir/Kroatien - Plitvičk Jetzera/Kroatien -

Postojna / Slowenien - Tamsweg/Österreich -

Türkenfeld/Deutschland - Karben.

Abb. 1 Gesamttour Albanien - Montenegro
mit www.motoplaner.de und Open topo map dargestellt. „©
OpenStreetMap-Mitwirkende".
www.openstreetmap.org/copyright

4. Allgemeine Informationen zu Albanien (AL)

Anreise: Bequem mit Fähre von Ancona nach Durrës, Fahrtzeit ca. 24 Stunden, Kosten 150 Euro pro Person mit Motorrad inklusive Doppelkabine mit Dusche / WC. Verpflegungskosten auf der Adria Fähre moderat, Getränke (Bier) mit 3 Euro bei 0,3 Literflasche teuer.

Reiseführer: Reise know how „Albanien", 2. Auflage 2014

Kartenmaterial: Reise know how, von 2011, Maßstab 1:220.000. Lediglich für eine grobe Übersicht ausreichend! Der Kauf einer albanischen Karte vor Ort empfiehlt sich dringend!! Wir verwendeten die Albania Shqiperia von 2014 im Maßstab 1:350.000. Topografisch okay. Aber nicht immer. Endet abrupt und kompromisslos an den Landesgrenzen.

Navigation: Garmin Zumo 390 (mit üblichen Kontakt- und Ladeproblemen, behoben mit WD 40) und Tom Tom Rider 400.

Motorräder: Husqvarna Zupin 900 RR.

Bereifung: Continental TK C80 und BMW F 650
GS Twin. Bereifung: Heidenau K60 Scout

Filmkamera: Panasonic HX-A1M

Benzinpreise: 1,07 Euro 95 Oktan bleifrei.
Überwiegend mit Bedienung und Barzahlung nach
dem Tanken. Kreditkarte hat nie funktioniert!

Steckdosen: Rundstecker sind nur sehr
schwergängig im albanischen Steckdosensystem.
Besser Adapter mitnehmen!

Zigarettenpreise: z.B. Luckie Strike, 18 Stück: 1,80
Euro

WiFi: In Hotels überall vorhanden, nicht immer
ist der Zugriff auf das Netzwerk sicher, und häufig
auch nicht ruckelfrei.

Zahlungsmöglichkeiten: In Euro oder LEK.
Überwiegend werden die Preise in Euro genannt,
dann wird auch die Bezahlung in Euro erwartet.

Sonst wird umgerechnet, wahrscheinlich zu Gunsten des Anbieters der Leistung. Mit Kreditkarte zu zahlen ist nur sehr selten möglich und auch nicht in großen Hotels oder Tankstellen. Wir haben immer bar bezahlt! Und oft in Euro!

Geldautomaten: Diese sind reichlich vorhanden, aber nicht alle akzeptieren alle Karten.

Währung: LEK (1 Euro = 138 LEK)

Straßen: Sehr sehr unterschiedliche Qualitäten oder besser gesagt: Irgendwas ist immer! Überraschungen mit ausgesetztem Asphalt und Schotter - Loch - Einlagen an der Tagesordnung. Einbrüche der Fahrbahn am rechten Straßenrand und Grünbewachsungen aus der Straßendecke. Reichliche Baustellen verheißen irgendwann bessere Straßenbedingungen.

Die Nebenstraßen zu kleinen Dörfern sind durchgehend Schotterstrecken. Die „SH" Straßen sind quasi „Bundesstraßen", in Breite und Beschaffenheit nicht durchgehend mit deutscher Qualität vergleichbar.

Unterkunft: Hotels in den touristisch interessanten Orten reichlich vorhanden, mit 30 Euro pro Nacht pro Person inkl. Frühstück kommt man luxuriös unter.

5. Allgemeine Informationen zu Montenegro (MNE)

Unsere Anreise: Von Albanien kommend über den Grenzübergang Koplik im Nordwesten, ausgehend von Škodra.

Reiseführer: Reise know how „Montenegro", 2. Auflage 2014 (veraltete Angaben, Hotels teilweise geschlossen oder Preise nicht zutreffend, preiswerter als angegeben).

Kartenmaterial: Montenegro 1:200.000 und Montenegro NP Durmitor, Piva BiH 1:50.000

Benzinpreise in Montenegro: 1,20 Euro / Liter

Zahlungsmöglichkeiten: Überwiegend bar, Kartenzahlung nur in großen Hotels möglich.

Geldautomaten: Diese sind reichlich vorhanden.

Währung: Euro
Straßen: Überwiegend asphaltiert.

Unterkunft: Reichlich vorhanden, in allen Preisklassen, vor allem an der Küste. Die Unterschiede zu Albanien sind frappierend.

6. Mittwoch, 04.05.2016.
Heute geht es endlich los.

Ich stehe schon um 06:30 Uhr auf, obwohl ich erst um 12:00 Uhr losfahren will. George muss heute noch arbeiten und hat volles Programm vor sich. Fraglich, ob er es heute noch schafft, in die Schweiz zu fahren. Ich habe alle Zeit der Welt und freue mich auf eine Fahrt, auf der ich ganz allein bestimmen kann, wann ich anhalte und wieso.

Die letzten Dinge in die Packrolle: Ersatzgurte, wo waren die noch? Warnweste, am besten in den Tankrucksack. Geschenk für Susanna zu ihrem 60. Geburtstag. Noch ein Buch, besser noch eine Landkarte mehr einpacken. Man weiß ja nie. Reichen die warmen Sachen? In Albanien ist noch kein Sommer. Die Wettervorhersage ist fantastisch. Nach den letzten kalten Wochen kommt endlich der Frühling.

Ich fahre bei 12 Grad los und war bei den Temperaturen zu optimistisch. Nach 50 km halte ich an, weil ich die Sturmhaube doch anziehen muss. Die Winterhandschuhe sind auch nicht falsch. Ich bin dann endlich genügend ausgestattet und gegen 14:00 Uhr hinter Karlsruhe. Autobahn ist ja so einschläfernd!

Das Ziel ist Solothurn in der Schweiz. Und wie üblich bin ich mir 1. nicht über die Streckenführung klar (ohne Vignette über Basel?) oder vorher abbiegen und durch Frankreich über *Altkirch* fahren? Mein neuer Tom Tom und ich verstehen uns noch nicht. Ich habe ihm auf der aktuellen Route „Mautstraßen vermeiden" angeklickt. Also will er mich bei *Weil am Rhein* von der Autobahn lotsen. Das mache ich aber nicht mit. Bleibe bis Basel drauf und reihe mich mutig in die Schlange an der Grenze ein, die „mit Vignette" fährt. Neben mir hält ein anderer Motorradfahrer. Ich erblicke im Spiegel, dass er auf der Scheibe eine Vignette geklebt hat. Also einmal mit und einmal ohne Vignette. Ob ich da auffalle?
Ich überlege mir schon eine dumme Ausrede …
„oh sorry, bin ich wohl falsch ...", und gedenke ernsthaft, diese scheiß Vignette für 40 Franken zu kaufen. Die Zöllner schauen sich die Autos interessiert an und scannen anscheinend die Windschutzscheiben nach dieser selbstklebenden Eintrittskarte für die Schweizer Autobahnen.

Nichts da. Wir beide werden einfach durch-
gewunken.

Ich atme zutiefst aus. So, und wohin jetzt? Mein
Navi ist irritiert und will mich natürlich immer von
dieser Autobahn lotsen. Ich bin auch verwirrt und
weiß nicht, wer jetzt recht hat. Ich erinnere mich an
Delémont, da sind George und ich schon mal
hergefahren. Aber wir sind da nicht durch Basel
gefahren. Oder? Das habe ich nicht mehr auf dem
Schirm. Im Stau der Stadtautobahn hält wieder ein
Motorradfahrer neben mir.

„Wohin geht's?"

„Nach Delémont. Aber ich will keine Autobahn
fahren!"

„Okay?", antwortet er gedehnt, und macht sich
sofort aus dem Staub. Der muss mich ja für
bescheuert halten. Eine riesen Touratech Packrolle
und fährt von Deutschland nach Delémont „Ich
fahre nach Albanien" wäre sicher die bessere
Antwort gewesen. So frei die Autobahnen waren,
die geschlossenen Ortschaften sind es nicht. Stau,
Stau und nochmals Stau.

Kurz vor Delémont bin ich schon ziemlich genervt.

Wie schnell darf man in der Schweiz außerhalb geschlossener Ortschaften fahren? 100 km/h wie bei uns? Ich weiß es nicht mehr, habe aber vor der Schweizer Abzocke gehörigen Respekt.

Endlich. Ich kann überholen. Und habe so gerade und nur ganz kurz 120 km/h auf dem Tacho, als es „wuschwusch", zweimal blitzt. Scheiße! Wieso zwei Mal? Auch von hinten? Oh je, dann haben sie mich jetzt, aber es sind doch nur 20 km/h zu schnell und das ganz kurz, maximal zwei Sekunden. Das kann doch nicht so teuer sein, das wäre jetzt echt gemein. Geläutert fahre ich nun gesittet.

Der Navi ist sehr autark. Er schlägt mir andere Routen vor. Okay, versuchen wir es. Bei *Vernesch* geht es eine kleine hübsche Straße mit Felsblöcken gesäumt lang. Links von mir fließt ein Bach recht eindrucksvoll. Na, hoffentlich weiß der Navi, was er tut. Super Strecke, aber ich lande wieder auf der Durchgangsstraße von vorhin - okay. Jetzt aber mal voran, ich bin seit fünf Stunden unterwegs!

Im Ort *Welschenrohr* geht der *Balmberg* ab. Den will ich von der Nordseite hoch mit der dicken Packrolle auf keinen Fall fahren.

Der hat zwei fiese enge Kurven. Wenn man da nicht am Gas bleibt, kippt man gnadenlos um. Also Kurs auf den *Weissenstein*, auf dem am Sonntag vor drei Tagen noch Schnee lag. Die Schranke ist geöffnet, also alles gut. Nach der Passhöhe von 1200 Metern geht die Sonne langsam unter und nach einer Kurve sehe ich das Alpenband vor mir: Ahornspitze, Eisener Mönch, Eiger Nordwand und die Jungfrau. Die Berge sind leicht rosa angehaucht und wirken wie ein Rollup oder eine Kinokulisse. Super! So habe ich sie noch nie vom Weissenstein aus gesehen! Wo ist die Kamera? Na, in der Packrolle. Nee, das tue ich mir jetzt nicht an, ich fahre weiter.

George hat eine SMS geschickt, er schafft es heute nicht. Also lande ich um 18:30 Uhr bei Ruedi und Susanna und freue mich über das Ankommen und ein Weißbier. Urlaub, du kannst kommen!

7. Himmelfahrt, Donnerstag, 05.05.2016 in Selzach

Wir feiern heute Susannas 60. Geburtstag bei strahlendem Sonnenschein. George ist um 12:00 Uhr angekommen. Beim Losfahren in *Karben* waren es gerade mal 7 Grad. Nun, wir sind früh dran in diesem Jahr. Nick ist mit von der Partie. Für Susanna hat er sich in seine schönsten Farben gehüllt: Braun, hellgrau und dunkelgrau. Er kommt mit seiner Ducati Multistrada DS 1000.

Endlich alle zusammen verleben wir einen tollen Tag mit lieben Menschen mit Blick auf das Jura und das Alpenband mit der Eiger Nordwand. Wegen der Streckenführung morgen kommen wir fast in Streit. Unser Ziel ist Albanien und keine Daddelstraßen in der Schweiz und in Italien zu früher Jahreszeit, bei der alle Pässe noch geschlossen sind. Einzig das Wetter verspricht toll zu werden.

Ich bestehe darauf, dass wir Autobahn fahren und den Gotthard Tunnel nehmen. Okay.

Die Diskussion in bierseliger Atmosphäre um 23:00 Uhr ist der falsche Zeitpunkt. Und wird auf morgen vertagt.

8. Freitag, 06.05.2016. Nach Italien.

Um 08:00 Uhr ist die Nacht zu Ende. Ruedi hat schon das Frühstück vorbereitet. Nick leidet an für alle wahrnehmbaren Blähungen und hat sich schon in seiner Motorradunterwäsche schick gemacht. Mein Scottoiler funktioniert nicht mehr. Die Säuberung mit Papier an der Spitze hat nichts gebracht. George führt einen winzigen Draht in das Schlauchende. Scheint durchgängig zu sein. Nun wird er befüllt: Was fehlt, ist der Zuführschlauch. Den hat George vergessen.

Ruedi hat eine 2 Milliliter Injektionsspritze, mühsam ernährt sich das Eichhörnchen, aber irgendwann ist genug drin.

„Also, bis hierhin hätte ich die Kette schon dreimal eingesprüht. Das überzeugt mich nicht, so ein Scottoiler!", sagt Ruedi. Ich dreh den Oiler voll auf. Endlich können wir los. Ich kaufe mir nach fünf Jahren das erste Mal eine Autobahnvignette.

Nach dem gestrigen Blitzer will ich gar kein Risiko mehr eingehen. Es läuft relativ flüssig auf der Autobahn Richtung Lugano. Der Tunnel ist so gut ausgeschildert, dass man an ihm nicht vorbeikommen kann. Vor dem Gotthardtunnel staut sich der Verkehr schon fünf Kilometer davor. Wir drängeln uns durch. Ein anderer Motorradfahrer auf Suzuki Supersportler gesellt sich zu uns. Auf seiner Rennsemmel gleitet er schlangengleich hinter George durch den Stau. Bei Platzproblemen lässt George den Motor der Huskie kurz brüllen, der Suzifahrer unterstützt.

Ab und zu verteilt er Lob mit gerecktem Daumen (wenn Platz gemacht wird) oder Verweise mit gestrecktem Zeigefinger (wenn die Dosenfahrer sich nicht rühren). Ich schmunzel vor mich hin, lachen kann ich erst später, wenn ich hier durch bin. Ich muss mich zu sehr konzentrieren. Wenn keiner Platz macht, weichen wir sogar auf den Seitenstreifen aus.

Der Tunnel mit 20 km Länge lässt sich flüssig fahren. So mittendrin wird mir ziemlich warm. Es liegt nicht an hormonellen Wallungen, hier sind es 34 Grad bei übler Luft.

Haben wir ein Glück, dass wir hier nicht im Stau stehen müssen! So zirka 3 km vorher sinkt die Temperatur und kündet das Ende an. Wow, in fünf Minuten von 34 auf 16 Grad. Das hat was. Der Garmin von George verabschiedet sich wieder, kein Strom. Also fahre ich jetzt vor, mein Tom Tom arbeitet gut und wir beide verstehen uns inzwischen.

Wir verlassen wir die Autobahn und fahren Richtung Bergamo auf der Landstraße. Eine schlechte Entscheidung am Freitagnachmittag. Nur Stau, LKWs und Hunderte von Kreisverkehren. In einem Kreisel dotzt ein LKW auf der linken Spur mit der rechten Ecke der Fahrerkabine einen Kleinwagen ins linke Heck. Das sah auch echt eng aus. Der LKW Fahrer hatte sich bei mir durch sein rücksichtsloses Einfädeln kurz vorher schon unbeliebt gemacht. Ich bremse brav ab. Was auch sonst? Nun hat er den Salat, das Ganze wird länger dauern. Um dem Chaos eines Unfalls mitten im Kreisverkehr zu entgehen, drängeln wir uns durch den Stau auf unseren Abzweig durch.

Gegen 17:00 Uhr stoppen wir in *Peschiera* am südlichen Gardasee und finden ein Hotel in der

Marina. Der Scottoiler funktioniert wieder. Sehr gut sogar. Es ist nämlich kaum noch Öl drin, dafür ziemlich viel auf dem Kettenschutz, auf der Felge und auf dem Hauptständer. Na, super! Jetzt brauchen wir eine Füllhilfe, bevor er Luft zieht. Ich stelle ihn jetzt ganz mager ein.

Dafür, dass das Zimmer 80 Euro kostet, ist der Komfort eher bescheiden. Vor allem das Dröhnen des im Keller untergebrachten Schiffsdiesel nervt ziemlich. George hat das Ladekabel für den Garmin vergessen. Das ist ziemlich blöd.

Wir haben mal wieder nur einen Navi, der zuverlässig funktioniert. Ob wir unterwegs eins kaufen können? Glaube ich ja eher nicht.

Mensch, irgendwas vergisst man doch immer!

9. Samstag, 07.05.2016. Nun nach Ancona. 387 km.

Wieder Autobahn, dieses Mal ziemlich leer. Klar, ist ja Wochenende. Um 15:00 Uhr sollen wir beim Schiff sein, das schaffen wir locker. An einer Tankstelle erspäht George eine brauchbare Aqua dest. Flasche. Sie hat einen kleinen Schlauch, der in den Scottoiler passt. Oiler wieder befüllt, klappt prima. Na, also, geht doch. Und mit WD 40 die Kontakte vom Garminhalter eingesprüht, sorgt auch wieder für Strom. Der Garmin läuft mal wieder zuverlässig. Sagenhaft, diese Technik. Die Autobahnfahrt kostet uns
25 Euro / Moto. Mein Tom Tom möchte, dass wir Ancona Nord runterfahren, aber George fährt weiter. Nun ja - hat der Garmin eine andere Meinung?

Das Ergebnis: Wir fahren Ancona Süd runter und müssen 11 km wieder zurück. Das Schild „Porto" erkennt George ziemlich spät, aber ich biege noch rechtzeitig ab. George muss eine kleine Offroad Passage einlegen über die Wiese und die Bürgersteige.

Dann geht es weiter, die Beschilderung zum Hafen ist gut. Der Garmin hatte nur ein falsches Ziel. Woran das wohl liegen mag?

Vom Ticketschalter der Adria Line geht es 2 Kilometer rund um das Hafenterminal. Einige Streckenposten geben uns die Richtung vor. Fast hatte ich den Eindruck, wir fahren zurück in die Stadt. Dann sind wir endlich am Zoll und mit uns eine Kolonne von LKWs. Wir sind um 15:30 Uhr da und stellen uns als einzige Motorräder vorne an. Um 18:00 Uhr stehen wir immer noch da, in sengender Sonne und inzwischen mit drei weiteren italienischen Motorradfahrern, die nach ihrem Outfit mit dem Ziel für Offroadstrecken aussehen.

Die Fähre kommt mir ziemlich klein vor. Sagenhaft, wie die LKW Fahrer rückwärts rangierend im Bauch des Schiffes verschwinden! So einen Koloss rückwärts durch die enge Rampe zu fahren, ist für mich wirkliche Kunst und Können! Interessant sind die Lastwagen mit den PKW - Ladungen. Von diesen Autos haben es einige schon ziemlich hinter sich. Wahrscheinlich sind die Rostlauben in Albanien noch echtes Geld wert.

Geschlagene 30 Minuten tut sich dann gar nichts.

Ein LKW muss wieder raus, er hat an den zahlreichen Hinterrädern eins mit einem Platten. Der Mantel eiert regelrecht um die Felge herum und hat sie schon freigelegt. Der Fahrer tut mir echt leid. Erst die LKWs, dann einige PKWs, nun wieder LKWs. Die Motorräder interessieren keine Sau. Wir haben uns ein schattiges Plätzchen gesucht. Um 18:30 Uhr sind wir endlich auf dem Schiff. Ich fahre direkt hinter einem LKW und atme tapfer das Dieselaroma ein.

Der Aufforderung, meine BMW auf den Hauptständer zu stellen, kann ich leider nicht nachkommen. Mit der Packrolle auf dem Sozius schaffe ich das nicht.

Der Schiffsarbeiter will mir helfen, wir kriegen es beide nicht hin. George kommt herbei. „Wait a moment!" Wir hieven die BMW zusammen auf. Das Angurten übernehmen glücklicherweise die Männer des Schiffspersonals. Theoretisch sind wir morgen die Ersten, die das Schiff verlassen. Der Lohn des Wartens oder die Letzten werden die Ersten sein.

Jetzt suchen wir den Aufgang zu den Decks zwischen den ganzen LKWs.

Es gibt einen Aufzug und einen freundlichen Passagier, der meine Packrolle trägt. Was nehme ich auch immer so viel Zeug mit! Unsere Kabine ist eng und gemütlich, hat eine Dusche. Da stürze ich quasi rein. Bin ich froh, aus der Motorradkluft auszusteigen. Und habe tierischen Hunger.

Das Selbstbedienungsrestaurant hat Bestecknot. Es gibt nur noch Messer. Georg kommt mit seinem Kotelett und den Fritten ganz gut klar, doch meine Spagetti mit dem Messer zu essen, bedarf etwas Übung. Drauf häufeln, in den Mund stecken, bis nichts mehr passt und abbeißen.

Der Eisbergsalat wird mit den Fingern der linken Hand befördert. Also ehrlich, das ist überhaupt kein Problem, wenn man Hunger hat. Ich lache mich fast kaputt. In der Bar sitzen wir später und schreiben unsere Berichte, George plant Touren.

Wenn ich mich so umschaue – fast nur Männer auf diesem Schiff. Und es gibt kein WiFi und keinen Handyempfang.

10. Sonntag, 08.05.2016. Ankunft in Durrës Hafen.

Nach einer unruhigen Nacht in mit menschlichen Ausdünstungen geschwängerter dichter Luft und Dieselgerumpel wachen wir morgens einigermaßen ausgeruht um 08:30 Uhr auf. Die mitgebrachte Espressokanne spendiert uns einen ersten Kaffee. Das Wetter wieder wolkenloser Himmel und glatte See – herrlich!

George plant die erste Tour von *Durrës* nach *Berat*. Der Reiseführer berichtet, dass diese Stadt mit 2400 Jahren Besiedlung zu den ältesten von Albanien gehört. Aktuell hat sie 72.000 Einwohner. Seit 2005 ist sie in der UNESCO Liste aufgenommen. Als sehenswert wird die Burgsiedlung oberhalb der Stadt empfohlen.

Etwas zur Politik: Die Stadt war im Laufe der Geschichte als Spielball der Großmächte einer Vielzahl von Tyranneien durch italienische, österreichisch / ungarische, griechischen und türkischen Quälgeistern ausgesetzt.

Vielleicht versteht man so die 50-jährige totale Isolation und Abschottung in einer kommunistischen Diktatur durch den Ministerpräsidenten Enver Hoxha. Der 30.11. ist heute der Nationalfeiertag der Befreiung. Am 04.12.1944 zogen sich die Deutschen aus Albanien zurück.

Erst nach dem Tod von Hoxha in 1985 begann sich das Land zu demokratisieren. Allerdings nur sehr zäh, da von Politikern, ineffektiver Verwaltung und flächendeckender Korruption immer wieder verhindert. In 2006 wurde das Assoziierungsabkommen mit der EU geschlossen, in 2009 fand der Eintritt in die NATO statt und erst im Dezember 2010 kam es zur lang erwarteten Visafreiheit für albanische Bürger innerhalb der Schengen Staaten.

Wir kommen vom Schiff mit der üblichen Hektik runter. Ein LKW Fahrer drängelt schon, stehen doch unsere Maschinen aufreizend im Weg. Der Schweiß fließt schon wieder in Strömen. Ich fahre vor George raus, der sich nicht aus der Ruhe bringen lässt. Am Zoll geht es noch schneller. Stempel in den Pass und die Frage, ob wir nach Griechenland wollen.

Als ich dem Beamten sage:"No, only Albania and Montenegro. It is a wonderfull land", reicht er mir spontan die Hand durch den Schalter und sagt breit lächelnd: „Thank you, Lady!" Wahrscheinlich wäre „Country" der passendere Ausdruck gewesen? So einfach kann man Menschen glücklich machen! Dabei hätte ich nicht den Kopf schütteln dürfen, denn das bedeutet bei den Albanern ein Ja! Nicken bedeutet Nein.

Georges Zöllner lobt den Fußballclub Bayern München. Germany, so nice. Na also, alles bestens. Aus Durrës finden wir schnell raus und fahren in südöstliche Richtung nach Berat. Teilweise sind es Autobahnabschnitte, die durch Kreisverkehre und Viehtrieb unterbrochen werden. Autobahnen, die wir etwas anders kennen. In einem Vorort finden wir einen Bankautomaten. Mit der Währung noch nicht so ganz vertraut, holen wir beide gerade mal 39,75 Euro, entsprechen 5.000 LEK. Also - das wird nicht lange reichen.

Das ausgewählte Hotel liegt in einer Straße mit großer Baustelle. Albanische Baustellen haben nicht den deutschen Standard!

Abb. 2 Unterkunft in Berat

Ich meine, eine klare Beschilderung und Abgrenz-
ung oder befahrbaren Untergrund. Das ist hier
ziemlich staubig, bröckelig und bei Regen möchte
ich mir das jetzt nicht vorstellen. Wir drehen um
und sehen bei der Rückkehr das *Hotel Osumi*.
Allerdings geht die Straße über Kopfsteinpflaster
sehr steil nach oben mit ungewissem Ausgang nach
links. Ich traue dem nicht und gehe die Strecke ab.
Nein, hier fahre ich nicht hoch.

Seht mal das Foto beim Hoteleingang. Alles klar?! Ich bestelle das Doppelzimmer und frage nach einer Garage. Die ist weiter unten an der Straße, na prima. Gepäck hoch schleppen, bedeutet das. Aber das kann George mit seinem Stolz nicht verein- baren. Er fährt erst die BMW, dann die Huskie hoch. Das Pflaster ist so glatt, dass das ABS an der BMW anspringt. Unterdessen spricht mich ein Deutscher an.

„Ihr seid aus Friedberg? Wir sind aus Nidda!" Na, so klein ist die Welt. Nidda ist nur ein paar Kilometer von Friedberg entfernt. Er und seine Frau sind mit dem Auto aus dem Norden Albaniens angereist und wohnen gegenüber des Flusses in einem Hotel der gehobenen Klasse. Er berichtet von einer Unterkunft, die wohl Flöhe im Bett wohnen ließ. Er sei total zerbissen gewesen. Ja, das kenne ich noch von Madeira, an den Füßen lauter Flohbisse. Kommt überall vor.
„In den Bergen im Norden ist es etwas teurer, da gibt es nicht so viele Hotels. Und wir haben Menschen im Auto mitgenommen, die fahren nur nicht mit dem hochgereckten Daumen als Anhalter.

Mensch, waren die dankbar!", erzählt er munter
drauf los.

Das stand auch im Reiseführer so beschrieben,
aber unsere Möglichkeiten, jemanden mit-
zunehmen, reduzieren sich auf Null.
„Wo geht es denn zum Schloss hoch?", frage ich.
Er zeigt mir den Weg, es geht an unserem Hotel
vorbei. „Es ist ziemlich steil bergan, aber tolle
Aussicht dort oben!"

Inzwischen hat George beide Motos in der
Garage. Schweißgebadet dreht er die Huskie über
dem Ständer, ist es zu glauben?

Abb. 3 Blick von der Burg in Berat, wie üblich bei drohendem
Gewitter

Da hätten wir auch das Gepäck hoch schleppen können. Der Hotelinhaber fasst mit an. Ich schäme mich für meine schwere 80 Liter Packrolle.

Nach Dusche und Check-in (wir kennen den Preis des Zimmers immer noch nicht) machen wir uns auf den Weg. Und tatsächlich: steiler Anstieg mit Lohn der Aussicht auf die Berge ringsherum. Regenbogen und Gewitter etwas weiter weg. Vegetarisches Abendessen mit Auberginen.

Und das erste albanische Bier, was genauso heißt wie die Hauptstadt: Tirana.

Wir kaufen in der Stadt noch Wasser und Bier ein. Vor unserem Zimmer haben wir eine geräumige Terrasse mit Blick in den Innenhof.

So lassen wir den Abend bei Grillenzirpen ausklingen.

Morgen geht es nach *Gjirokastra* weiter in den Süden, den Geburtsort des Diktators Enver Hoxha.

11. Montag, 08.05.2016. Nach Gjirokastra.

Die Tageslosung heute: „Der erste Gang ist ein Übel, fahr, wenn es geht, immer im Zweiten. So hast du weniger Drehmoment und Kraft auf dem Hinterrad!", spricht George gebetsmühlenartig nach schweren Etappen zu mir. Ist ja nicht so, dass ich das nicht weiß. Nur an der Umsetzung hapert es oft.

Wir fahren nach einem liebevoll zubereiteten Frühstück der Hotelgattin so gegen 10:00 Uhr los.

Und es fängt schon gleich ziemlich schwierig an. Wir verfransen uns in Berat in zahllosen Baustellen mit Löchern, Matsch, Geröll, Wasserlöchern und engen Straßen. Der Gipfel ist eine Wasserdurchfahrt auf mindestens 50 Meter, wahrscheinlich durch einen Rohrbruch. Geregnet hat es ja nicht. Nach zwanzig Minuten bin ich so fertig, dass ich mit zittrigen Knien mitten auf dem Weg absteige. Wohin jetzt bloß?

Wir entscheiden uns für die offiziellen Straßen über *Fier* und der SH72, SH73 und SH4.

Die Letzte hat manchmal rustikale Aussetzer mit Löchern, Geröll und Schotter. Keine Minute darf man sich sicher fühlen, was die Straßenverhältnisse angeht. Mitunter blühen ganze Bäume am rechten Straßenrand. Sie haben sich einen Weg durch den Asphalt verschafft. Sagenhaft, die Kraft der Natur. Hier wird noch gearbeitet. Aber kurvenreich und interessant zu fahren, und mit schöner Aussicht auf die hügelige Landschaft mit Mischwald, vor allem vielen Olivenbäumen.

Jetzt kommt bei mir wieder Freude am Fahren auf. In Sicherheit darf man sich aber niemals wiegen. Die rechte Straßenseite ist mitunter um die Hälfte wegen Einbruch des Asphalts reduziert. Oder mit Wildkraut überwuchert.

Soll heißen, wird nicht langweilig. In den Ortschaften ist 40 km/h vorgeschrieben. Davon merkt man nichts. Sollten wir diese Geschwindigkeit einhalten, hätten wir bald sehr viele Feinde.

Irgendwie erinnert es mich an Moldawien. Da hieß das Bier auch wie die Hauptstadt Chisinau und die Schilder waren noch nicht mal Empfehlungen.

Die wurden schlicht ignoriert. Wer langsam fuhr, wurde gnadenlos zusammen gehupt und überholt.

Der Fluss *Drino* begleitet uns, wir halten an einer schönen Flusskurve mit Baumleichen an. Jeder Stamm eine Skulptur. Der Fluss führt grünes Wasser und könnte mit seinem weißen Kieselstrand sogar zum Baden einladen. Beim Durchqueren der Wiese denke ich an Schlangen, die brüten zu dieser

Abb. 4 Ankunft in Gjirokastra

Zeit und sind ziemlich bissig. Aber mit den dicken Motorradstiefeln wird schon nichts passieren.

Tankstellen gibt es zwar alle zehn Kilometer, aber als George eine braucht, liefert die nur Diesel.

Wir finden bald eine. Der Preis wird in Euro angezeigt, was ich ziemlich verwirrend finde. Im Reiseführer steht, dass diese Zapfstellen gebraucht aus Europa importiert wurden. Der Kassierer rechnet in LEK um. Wir hoffen, dass es stimmt.

Die Toilette hat als Besonderheit ein Glasfenster. So kann jeder beim Tanken den Kunden beim Pinkeln zusehen. Okay. Schnell sein und Hose wieder hoch.

Die Gebirgsstadt *Gjirokastra* mit knapp 20.000 Einwohnern (Quelle: Wikipedia) ist die älteste Stadt des Landes, das wirtschaftliche Zentrum der Region und seit 2005 UNESCO Weltkulturerbe. Seit 2013 ist es auf der Roten Liste wegen illegaler Bauten im historischen Stadtzentrum. Sollten sich die Probleme nicht beheben lassen durch veränderte Gesetze, wird *Gjirokastra* den Status als Weltkulturerbe verlieren.

Eine weitere Berühmtheit der Stadt ist der Schriftsteller Ismail Kadare.

In seinem Roman: „Chronik in Stein" beschreibt er die Stadt während des Zweiten Weltkrieges. Das Geburtshaus des Diktators Hoxha ist heute das ethnografische Museum. *(Quelle: Wikipedia)*

Im Tal wirkt die Stadt mit ihrem Straßenbau sehr moderat. Das ändert sich, als George abbiegt zu unserem Hotel. Es geht auf Kopfsteinpflaster steil, sehr steil, wahnsinnig steil bergan. Das mit dem zweiten Gang funktioniert hier nicht, ein langsamer PKW vor mir verhindert das. Also doch in den Ersten schalten. Ziemlich oben halte ich mal wieder an, nass geschwitzt und orientierungslos. Wir sehen ein Schild zu einem Hotel. Aber die Strecke gehe ich erst mal ab. Erstaunt sehe ich, wie mir ein Omnibus durch die enge Gasse entgegenkommt. Na, das muss ja für ein Motorrad allemal ausreichen. *Marbie, shame on you!* Gerade, als ich den Entschluss mit George traf, dieses Hotel zu versuchen, werden wir von einem Albaner angesprochen, der eine exquisite Visitenkarte des Hotels *Kalemi* zeigt.

„May I help you?", fragt er teilnahmsvoll.„Yes. We need a hotel."

Na, wer hätte das gedacht!

Ich habe mich inzwischen wieder beruhigt und gehe mit ihm, um das Zimmer anzusehen. Es sind nur hundert Meter, sagt er. Aber 100 albanische Meter. In Wirklichkeit wahrscheinlich 500 Meter, davon 200 bergan in Motorradstiefeln. Das Hotel ist sehr traditionell, etwas dunkel, aber mit Holzdecken und geschnitzten Wandverkleidungen, die beeindrucken. Da morgen eine Gruppe anreist und wir zwei Nächte bleiben wollen, müssten wir morgen wieder umziehen.

Abb. 5 Blick von der Burg in Gjirokaster

Mit dem ganzen Geraffel nicht wirklich wünschenswert. Die Luxussuite kostet für zwei Nächte 160 Euro. In LEK rechnet hier keiner. Ich schüttele den Kopf. Nein, zu teuer. Der Hotelguide ist der Sohn des Besitzers und diskutiert in Albanisch mit der Empfangsdame. Okay, sie lassen uns die Suite für 120 Euro. Das nicke ich ab und wir gehen zusammen zurück zu den Motos.

George sitzt auf dem Bürgersteig und ist guter Dinge. „Waren wohl mehr als hundert Meter, oder?", fragt er amüsiert. Ich fahre vor und verpasse prompt den Abzweig, also den nächsten Nehmen. Der geht an einem Restaurant vorbei, eine kleine Stufe hoch und dann sofort rechts runter. Die Plattform des anderen Hotels vor mir ist so begehrenswert in meiner Blickführung, dass ich diese statt der rechten nehme und sofort denke: Scheiße, falsch. George muss die BMW drehen, das Enge links herum schaffe ich heute nicht mehr. Endlich am Hotel angekommen wird die Luxussuite bezogen. Riesig groß, mit Einmalpantoffeln, Zahnbürsten und kleinem Wohnzimmer innerhalb des Schlafraums ausgestattet, ist auch George beeindruckt.

Zumal ich den Preis von 160 Euro auf 120 Euro runtergehandelt habe. Eine schwarzbraune Holzdecke mit detailverliebten Schnitzereien dunkelt den Raum ziemlich ab. Man muss auch tagsüber das Licht eingeschaltet lassen. Die Unterwäsche ist so nass geschwitzt wie einmal durchs Wasser gezogen, also gleich ins Fuß- waschbecken zur Grundreinigung geworfen. Duschen kann so schön sein! Die Badewanne hat sogar eine Whirlpoolvorrichtung mit Einschaltknopf auf dem Wannenrand. Grundgütiger, was für ein Luxus!

Wir schaffen noch den Weg zur Burg, leider hat das Museum schon geschlossen. Eindrucksvoll das Denkmal des Partisanen, circa drei Meter hoch. Die Burganlage ist riesig, in den Seitenkatakomben leider ziemlich vermüllt. Die Aussicht auf die umliegenden Berge einfach grandios. Vielleicht schauen wir morgen noch mal vorbei, wahrscheinlich ist es nicht. Zu Fuß müssen wir uns jeden Höhenmeter erkämpfen.

Wir essen in einem kleinen Bürgersteigrestaurant zu Abend: landestypisch gebackene Reisbällchen, gemischten Salat und gebackenen Schafskäse.

Klasse! Die Tomaten schmecken jetzt schon sehr nach Sonne.

Abb. 6 Blick auf Gjirokastra beim Spaziergang von der Burg

12. Dienstag, 10.05.2015 – in Gjirokastra

Dieser Tag ist dem Faulenzen gewidmet. Na ja,
nicht so ganz. Das bedeutet nur, dass wir heute
kein Motorrad fahren. Wir laufen rauf und runter
und es ist schon so, wie der Reiseführer schreibt:
Man findet die Sehenswürdigkeiten nicht immer,
weil die Beschilderung oft dürftig ausfällt.

Das Geburtshaus des berühmtesten albanischen
Schriftsteller Ismail Kaldare finden wir nur, weil
uns die Dame hereinruft. Das Haus wurde erst
2016 als Museum eröffnet. Nun, wir sind über-
rascht ob des Luxus. Eine Ausstellung von
Ölbildern haben wir nicht erwartet. Sie zeigt florale
und örtliche Motive, alles in satter Spachteltechnik.

Hähne scheinen hier eine besondere Bedeutung
zu haben, die tauchen in den Bildern dauernd auf.
Die Hühner führen hier tatsächlich ein glückliches
Leben. Sie laufen inklusive stolzem Hahn frei in der
Gegend herum. Der Schriftsteller selbst ist als
Gipsbüste am Eingang zu sehen, ferner noch seine
Kinderfotos in Schwarzweiß. Im Ort selbst kann
man seine Bücher in deutscher Übersetzung

kaufen. Sein wichtigstes Werk ist wohl: „Chronik in Stein".

Der Roman handelt in Gjirokaster während des Zweiten Weltkrieges. Im Haus ist es angenehm kühl. Das soll mit den Dachkonstruktionen aus Schieferstein zusammen hängen. Diesen Stein gibt es hier genug und Dachschindeln sind teuer.

Abb. 7 Zentrum in der Altstadt von Gjirokastra, vom Bürgersteigrestaurant aus.

Zusammen gehalten wird das Ganze durch das Gewicht der Platten. Bei einigen Häusern herrscht deutlich sichtbarer Renovierungsstau. Da sind die Dächer zusammen gebrochen und Pflanzen wachsen ungebremst im Innern.

Überhaupt werden wir ständig an die Kriegsgräuel erinnert. Der Partisanenkampf spielt eine wichtige Rolle. Wenn schon Sechzehnjährige als Partisanen hingerichtet wurden, welche Brutalität hat dieses Land nicht nur in Kriegszeiten erlitten? Ich wünsche den Menschen hier endlich Fortschritt und moderne Infrastrukturen. Und eine verantwortungsvolle Regierung ohne korrupte Politiker.

Das Mittagessen nehmen wir wieder auf einem Bürgersteigrestaurant ein. Der albanische Tsatsiki (Koshi) ist mild, aus Schafsjoghurt und schmeckt fantastisch. Ich habe Schweinerippchen bestellt, serviert wird Schweinebauch. Das ist so ziemlich der einzige Teil vom Schwein, den ich überhaupt nicht mag. Ich trenne das Fleisch vom Speck, und der Wirt fragt besorgt, ob etwas nicht stimmt.

Mit Englisch kommt man ganz gut zurecht hier. Die Vokabeln für „zu fett" und „ich wollte Rippchen" sind gerade nicht präsent. George isst die Fettstreifen, ihm schmeckt so etwas. Vegetarier haben hier keine Probleme: Die Speisen werden alle extra serviert, die Größe der Portionen sind angemessen. Die Kaffeebestellung bereitet Probleme, der Wirt ordert sie einfach per Zuruf über die Straße vom Nachbarrestaurant und die servieren den auch. Genial. Das Leben kann so einfach sein.

Die Beobachtung der Kreuzung hat Unterhaltungswert. Irgendwie wird sich immer geeinigt, wer nun fahren darf. Die Busfahrer sind hier wirkliche Alltagshelden. Wer seine Füße zu weit vom Bürgersteig streckt, läuft Gefahr, vom PKW oder Bus gerammt zu werden.

Abends versuchen wir den gekauften Wein „Merlot extra". Er schmeckt, als hätte sich die Gärung weder für Essig noch für Wein entscheiden können. Wieder stimmt es, was der Reiseführer schreibt: Albaner trinken nicht gerne Wein und verstehen auch den Anbau und die Verarbeitung nicht. Wir bleiben also besser beim Bier. Nur sehr diskret hören wir ab und zu den Muezzin vom Minarett rufen. Der Islam spielt wirklich nur eine untergeordnete Rolle. Klar, sonst hätte ich auch keinen Schweinebauch bestellen können. Die Moscheen stehen eher verdeckt und wie in Sarajewo einträchtig neben einer Kirche.

In Frankfurt sieht man mehr Frauen mit Kopftüchern oder Wallegewändern wie Tschadors als hier. Motorradfahrer sehen wir nur wenige, und wenn, überwiegend aus Italien. Heute sogar aus Polen. Wenn ich die abgestellten Maschinen so betrachte, denke ich, dass sie mit den engen Rechtskurven auf dem holprigen Kopfsteinpflaster nicht wie ich Probleme haben. George erhält sogar ein Ladekabel für den Garmin. Auf der Terrasse lernen wir abends den Hoteleigner kennen. Auch er ist erfreut, dass wir keine Durchreise nach Griechenland beabsichtigen, sondern morgen weiter in den Norden zum Ohrid See fahren. Und dass uns Albanien begeistert.

Wir haben schon mal die günstigste Route aus der Stadt heraus ausgespäht. Das Kopfsteinpflaster und die engen Gassen flößen mir Respekt ein, hier mag ich es lieber geradeaus. Die Routenplanung sieht den gebirgigen Norden vor. Georges Lieblingsroute. Die Alternative wäre an der Küste entlang gewesen. Aber das reizt mich auch nicht so. Nachdem wir gestern eine aktuelle Karte (von 2014) im Maßstab 1:350.000 kauften, auf dem angeblich alle neuen Straßen eingezeichnet sein sollen, bin ich optimistisch, dass die Routen nur selten einen echten Abenteuercharakter haben. Na, hoffen wir es mal. Die Wetterprognose ist jedenfalls super, keinen Regen, nur Sonne und Wolken.

Ehrlich, soll ich was sagen? Ich glaube nicht, dass wir bis zum Ohrid See kommen, das zieht sich über 200 km auf vermutlich grenzwertigen Straßen. George hat Probleme mit seinem geschwollenen linken Zehengrundgelenk. Das wird mit dem Schalten schwierig. Nun, wir fahren, so weit wir kommen. Uns drängt nichts. Das ist ein herrlicher Zustand. Ich koste ihn nach Kräften aus.

13. Mittwoch, 11.05.2016 – Richtung Ohrid See

Der Slogan für heute: „Be careful. You have Bikes, no car!"

Wir starten um 09:30 Uhr und bringen diese vermaledeite Kopfsteinpflasterpiste schnell hinter uns. Die Stadt zu verlassen, kein Problem. Es geht zunächst Richtung *Tepelene* auf der SH4 zurück. Nach der Reise know how Karte ist das angeblich eine Autobahn. Stimmt aber nicht. Jedenfalls nicht nach den Maßstäben der deutschen Autobahnen. Bei *Luzat* biegen wir rechts ab auf die SH75, der wir heute treu bleiben. Der Asphalt ist neu, so rein und super, dass ich ihn nicht nur küssen, sondern auch von ihm essen würde. Die Strecke ist landschaftlich ein echter Leckerbissen, der Fluss *Vjosa* begleitet uns.

Auch er führt türkisgrünes Wasser im felsigen Flussbett mit weißen Kieselsteinen. *Flüsse machen Mensch und Landschaft glücklich!* Der Spruch ist jetzt echt von mir.

Eingerahmt von den Bergen rechts und links ist diese Strecke ein echtes Highlight, und obwohl die Sonne nicht zu sehen ist, zeigt der Bordcomputer 19 Grad. Beim Losfahren waren es gerade mal 16 Grad. Nach dem Wetterbericht soll es heute Sonnenschein und Wolken geben. Schadet nicht, mal die Sonne nicht zu sehen. Es ist angenehm und das Fahren macht Spaß.

Irgendwann hört die super Asphaltdecke auf, der Belag wird holprig, die Straßen enger, gerade mal zwei PKW Breiten passen hier nebeneinander.

In *Permet* tanken wir und erfahren wieder viel Aufmerksamkeit. Es wird uns sogar die Straße gezeigt, in die wir abbiegen müssen. Echt süß.

Der getankte Sprit wird dieses Mal in LEK angezeigt. Die Sonne lässt sich immer noch nicht blicken, der Himmel ist durchgehend mit weißen Wolken bedeckt. Die Straße mitunter holprig und mit den schon beschriebenen rustikalen Aussetzern durchzogen.

Die Packrolle rutscht durch die Rumpelei wieder Richtung Rücken, und ich bin ziemlich eingeengt zwischen Tankrucksack und Hecktasche. George korrigiert das Ganze so, dass ich wieder mehr Bewegungsfreiheit habe.

Unsere durchschnittliche Fahrgeschwindigkeit betrug mittels Auswertung des Garmins (er läuft wieder tadellos!) 50,6 km/h. Für die Strecke gar nicht schlecht.

Abb. 8 Einmannbunker in der Landschaft

Die höchste Höhe war 1168 Meter, gestartet sind wir bei 288 Höhenmetern.

An einer Parkbucht trifft uns ein deutscher Fahrradfahrer. Wir unterhalten uns kurz, er will nach Gjirokaster. Respekt, wer selber trampelt!

Zwischen *Leskovic* und *Erseké* sehen wir am Straßenrand drei Einmannbunker, die pilzförmig und an beiden Seiten ziemlich unpassend in der Landschaft stehen.

Sie stammen aus der Zeit des Kalten Krieges und der Sinn erschließt sich mir einfach nicht. Abgesehen davon ist die Betondicke nicht die von Bunkern erwartete, sondern gerade mal zwanzig Zentimeter. In der Zeit von 1972 bis 1984 wurde Albanien flächendeckend in Talbebenen, Grenzgebieten und Passübergängen bis in abgelegene Bergregionen mit diesen Bunkern überzogen, um echte und eingebildete Feinde abzuwehren.

Die Einmannbunker besitzen eine Höhe von 1,80 Meter.

Ich stelle mir den armen Soldaten mit seinem MG vor, der sich wahrscheinlich vor Angst in die Hose scheißt, während er mit dem Kollegen von gegenüber auf die Feinde wartet. Selbst wenn der tatsächlich eingetroffen wäre, wie lange hätte es gedauert, bis der Soldat weggeschossen war? Der Hoxha musste schon einen ziemlichen Knall gehabt haben.

Der Bunker, den wir besichtigen, kommt einer Mülldeponie sehr nah. Bei Gewitter für Motorradfahrer vielleicht ein sicherer Unterschlupf vor Blitzeinschlag? Oder taugt als Liebesnest.
Ich lege mich in das teppichweiche Gras und relaxe. Die Polizei patrouilliert vorbei und hält kurz an. George beruhigt sie. „*No problem. We have a break*!" Sie winken und fahren weiter.

In *Erseké* wollen wir Kaffee trinken, was aber nicht funktioniert. Der Ort hat eine Umgehungsstraße und ist nicht sehr attraktiv. Also weiter fahren. In *Mollas* (albanische Landkarte) bekommen wir endlich eine Koffeindröhnung in einer Bar.

Der Besitzer fragt uns freundlich, wohin wir wollen. Seine hochschwangere Gattin schließt mir extra die Damentoilette auf. Der Wirt berichtet in gutem Englisch, dass die Straße bis Korça eine 15 Kilometer lange Baustelle ist.

„Be careful!" Da ist sie, die Parole für heute. Der Himmel hat sich auch verdüstert und es tröpfelt bereits. Na super. Erst hatten wir kein Glück, und nun kommt auch Pech dazu. Ich schließe die Lüftungsschlitze an der Jacke, ziehe mir noch ein Fleece an und seufze innerlich tief auf.

Es bleibt bei ein paar Tropfen Regen, Glück gehabt. Dann kommt die Baustelle. Eine Schotter-Loch-Strecke, bei der ich des Öfteren denke, jetzt ist etwas kaputt gegangen! Das kann nicht halten! Es knallt furchtbar, wenn ich in die Schlaglöcher falle. Unmöglich, die alle zu umfahren. Gleichzeitig ist es furchtbar staubig. Ich schaffe es immerhin, mit 60 km/h im dritten Gang zu fahren, George ist natürlich schneller. Ein LKW fährt vor mir raus in einer blöden Runter-Rauf-Passage und Umleitung in der Baustelle.

Ich warte an günstiger Stelle, bis er die Kuppe überwunden hat, und ziehe zügig links an ihm vorbei.

Den Staub, den der aufwirbelt, ist mit dem Motorradleben nicht vereinbar. Zum Glück halten sich die Geröllhaufen in Grenzen und befinden sich fast nur in der Mitte. Die Strecke ist trocken und hart. Ich zwinge mich mantramäßig am Gas zu bleiben und nicht zu langsam zu werden. „Fahr zua!! Los, nun mach schon!"

Georges Streckenführung kann ich nicht immer folgen, ich finde irgendwie meine eigene Linie. Und versuche, den Lenker nicht verkrampft festzuhalten, meistens gelingt es nur für 10 Sekunden.

Nach gefühlten Stunden reckt George siegesmäßig den linken Arm in die Höhe. **ASPHALT!! ICH HABE ES GESCHAFFT!!** Korça ist nicht mehr weit, nun geht es zügig weiter. Meine Hände schmerzen, mein linkes Kniegelenk auch. Nach einem Kreisverkehr halten wir an und ich kann endlich mal absteigen. Puh. Ich bin fertig.

Wir beschließen, in *Pogradec* für heute Schluss zu machen. Es regnet jetzt etwas mehr, aber noch nicht beeindruckend. Die Visiere sind total verschmiert.

Das Hotel *Enkelana* ist problemlos zu finden. Wir kommen trocken an. Aber so wie die Wolken über den Bergen hängen, wird das nicht lange halten. Während George nach einem Zimmer fragt, betteln mich zwei halbwüchsige Jungen an. Einer hält die Hand auf. Da ich gerade eine Zigarette rauche, schüttele ich den Kopf. „Keine Zigarette für dich!"

„No. Nix Zigarette. Geld!" Ups, der lernt aber schnell die deutsche Sprache.

„Geld? Wozu?", frage ich den Knirps, der kann mit der Frage nichts anfangen.

Ein älterer Radfahrer mit zwei Unterarmgehstützen auf dem Lenker verscheucht die beiden. Was macht der mit den Krücken beim Radfahren? Sein linker Fuß ist dick bandagiert und ruht auf der Pedale. Er benutzt das Rad praktisch als Rollator.

Abb. 9 Der Fluss Vjosa auf dem Weg nach Pogradec

Mit dem rechten Fuß paddelt er sich vorwärts.
Gegen die beiden hätte er überhaupt keine Chance.
Die Jungs verschwinden zügig, wahrscheinlich aus
Respekt vor dem Alter. Der Jüngere der beiden
wirft mir noch einen langen misstrauischen Blick
zu.

George kommt zurück, den Zimmerpreis hat er nicht verstanden.

An der Rezeption verstand man auch schlecht Englisch. Egal. Wir bleiben hier. Man kann sogar mit Kreditkarte zahlen. Das erste Mal sichern wir beide Motos an Vorder- und Hinterrad mit der Kette aneinander. Es dauert eine Zeit lang, bis wir uns mit dem Schloss verstehen, wir hatten es noch nie im Einsatz.

Ich habe einen tierischen Hunger. Im Reiseführer ist ein Restaurant im sogenannten türkischen Viertel beschrieben, welches super Fisch serviert. Dorthin begeben wir uns durch den Regen, und das Essen ist wirklich fürstlich für umgerechnet 30 Euro. Wenn ich Koran bisher für die Bibel des Islam gehalten habe, hier kann man einen gleichnamigen Fisch bestellen von der Größe einer halben Lachsforelle.

Es ist tatsächlich eine Forellenart, die einzig im Ohridsee schwimmt! Auf der Speisekarte sind auch die Gewichte der Speisen vermerkt, die Forelle wiegt 500 Gramm! Ich entscheide mich für 400

Gramm Kalbssteak, auch gelungen. Nur leider zu viel.

Diese Fleischmenge berechne ich sonst für zwei Personen! Am besten ist das selbst gebackene Brot in Form und Aussehen eines Fladenbrotes, aber mit trockener brauner Kruste. Getunkt in die Salatsoße einfach köstlich. Essen kann so schön sein.

Inzwischen hat es sich so richtig eingeschifft. Tiefe Pfützen auf dem Pflaster. Schade.
Im Hotelzimmer stellen wir fest, dass das Internet zusammen gebrochen ist. Kurz vor unserem Aufbruch in die Stadt konnte ich noch zwei Whatsapp mit Bilder an meine Töchter und Freundin absetzen. Jetzt geht gar nichts mehr. In Deutschland sind wir schon ganz schön verwöhnt. Kein Internet, kein Netzwerk verfügbar? Wo gibt es denn so was?

Um 22:00 Uhr: Pling. Whatsapp funktioniert und somit auch das Internet. Na also.

14. Donnerstag, 12.05.2016. In Pogradec

„Wir können noch einen Tag länger bleiben, das Wetter wird erst Freitag wieder besser!"
Also an der Rezeption eine Nacht mehr gebucht. Kommt mir sehr gelegen, ich habe tierischen Muskelkater im Kreuz und im Bauch. So locker saß ich gestern auf der BMW während der Schotterpassage, dass ich mich heute so elastisch wie ein Stück Holz in Holzschuhen fühle.

Über dem See hängt so dichter Nebel, dass die Berge nicht mehr zu sehen sind. Bei den Gipfeln handelt es sich um die Mali i Mokres, die den See regelrecht einrahmen. Leider heute für uns nicht sichtbar. Pogradec hat etwa 40.000 Einwohner und war schon zu kommunistischen Zeiten ein beliebter Ferienort. Auch für den Diktator Hoxha, er besaß hier sein Ferienhaus. Nach dem Frühstück mit großem Buffet und grusigem Kaffee legen wir uns wieder aufs Bett. George ruht sich aus und ich schreibe an meinem Bericht. Das Internet ist mal wieder platt. Schade, ich hätte so gerne noch etwas über die Stadt recherchiert.

Die Weiterfahrt morgen haben wir uns über *Librazhd* und *Bulqizë* vorgestellt. Allerdings gibt es da eine Unbekannte:

Die Straße, die rechts in *Librazhd* abbiegt und durch die abgelegene Cermenika Region führt, ist eine braune, zirka 15 Kilometer lange nicht einschätzbare Verbindung zur SH6. George schlägt vor, dass wir reinfahren und es uns anschauen.

Na ja, mal abwarten, wie ich morgen so zurecht bin. Sonst bleibt nur der Weg über die Hauptstadt *Tiranës*, um nach Montenegro zu kommen.

Librazhd ist ebenfalls eine Hochgebirgsregion und seit etlichen Zeiten eine wichtige Trasse für den Weg von Ost nach West. Die Route führt uns über den Thanas Pass am Ohrid See mit 937 Höhenmetern. Trotz der geringen Höhen erleben wir das als Alpenflair.

Um 12:00 Uhr machen wir uns auf den Weg. Wir wollen ein wenig das Seeufer erkunden und das Stadtinnere. Bloß nicht mehr so viel laufen, sonst hört das mit dem Muskelkater gar nicht mehr auf.

Das See Ambiente strahlt trotz des Straßenlärms im Rücken eine herrliche Ruhe aus. Wir sehen Fischer beim Flicken ihrer Netze, Angler am Straßenrand. Am Ohridsee ist Fischen für jeden erlaubt. Das Wasser ist klar, man kann bis auf den Grund sehen. Wäre es wärmer, versuchten wir ein Bad. Ab und zu tröpfelt es, die Luft ist ziemlich drückend. Die Berge bei Mazedonien können wir nicht erkennen, tiefgrau hängen die Wolken fast bis auf den See herunter.

Die Stadt selbst ist nicht sehr attraktiv. Es überwiegen Plattenbauten mit dem sozialistischen Charme der Achtzigerjahre. Wie in der Türkei arbeiten die Frisöre streng getrennt nach Geschlechtern. Der Herrenfriseur nennt sich hier „Berber". Damenfriseure sieht man seltener, und wenn, sind sie nicht so einsehbar wie die Salons der Berber. Beim Hotel stehen bei der Rückkehr drei Motorräder aus den Niederlanden. So, wie die Karren aussehen, sind sie heute auch die Baustellenpassage lang gekommen, wahrscheinlich bei Regen.

Abb. 10 Blick auf den Ohrid See

Das Internet funzt noch immer nicht.

Zum Essen gehen wir abends wieder ins Türkenviertel zu unserem Wirt von gestern Abend. Ein Geheimtipp für alle, die in Pogradec übernachten: **Restaurant Pogredic!** So ganz geheim ist es nicht. Es steht schließlich im Reiseführer. Es bietet sogar selbst gekelterten Wein an.

Ich bestelle die Koranforelle mit Walnüssen in Rotweinsauce, sehr speziell, aber lecker. George knabbert zwei Rebhühner weg.

Bei der Rückkehr ins Hotel kommt ein Wolkenguss nieder, der alle unsere Klamotten triefend durchnässt. Na, Hauptsache, morgen ist es wieder schön! Bezüglich Wolkengüssen und Starkregen sollten unsere Erfahrungen noch auf drastische Weise erweitert werden. Nach dem Motto: Schlimmer geht immer.

15. Freitag, 13.05.2016. Offroad zum Abgewöhnen

„Wir schauen uns die Straße an, die in *Librazhd* rechts abbiegt. Wenn es nicht geht, fahren wir eben über *Tirana*!" Georges Spruch für heute. Langsam neigt sich die Albanien Tour dem Ende zu und wir machen uns auf in Richtung Montenegro.Das Wetter hat sich beruhigt, aber es weht ein krachtiger Wind.

Besonders als wir das Seeufer verlassen und uns nach oben in die Berge quälen. Es läuft nicht so gut am Anfang, wie üblich. *Librazhd* erreichen wir nach einer Stunde, wir biegen tatsächlich rechts auf Asphalt ab.

Er bleibt uns noch eine ganze Zeit lang erhalten, dann ist abrupt Schluss. Okay, es sind ja nur 15 Kilometer, dann wird die Straße wieder eine Rote auf der Landkarte. Tja.

Abb. 11 Abfahrtshilfe für Marbie durch George

Auch wenn Goethe schon schrieb: „*Was du schwarz auf weiß in Händen hältst, kannst du getrost nach Hause tragen!*", das Gedruckte hat nicht immer recht.

Von Marokko noch hätte ich es wissen müssen, drei Landkarten, alles Märchen in verschiedenen Farben mit vielen Linien. Ich fahre nach einer halben Stunde sogar im dritten Gang, aber irgendwie nimmt das Ganze kein Ende. Das sind doch jetzt mehr als 15 Kilometer! In einem kleinen Dorf gibt es sogar eine Bar. Nur Kaffee gibt es dort nicht. Trotz moderner Espressomaschine. Wahrscheinlich kein Strom da.

Während wir sitzen, kommt der Schulbus und lädt die Kinder aus, ein paar Meter weiter werden ein paar Kühe die Straße lang getrieben. Wer hier Bus fährt, ist wirklich ein Alltagsheld! Das Ganze wirkt so normal und alltäglich für die Einheimischen, während wir verwöhnte Deutsche große Augen machen.

George ist optimistisch, dass nach zweihundert Metern wieder Asphalt kommt. Aha. Er sieht ihn förmlich schon. Nein, leider nicht.

Es war eine albanische Fata Morgana. Die Strecke ist zwar noch breit genug, aber es wird zunehmend gerölliger. In einer Geröllansammlung fahre ich mich fest und kriege die Maschine nicht mehr frei. Das Hinterrad dreht durch und das Vorderrad gräbt sich ein. Das hatte ich doch schon auf der Militärstraße im Friaul! George kommt zurück und rangiert vor und zurück, bis das Hinterrad wieder greift.

Abb. 12 Übung in Demut, nicht alltägliche Schotter-Felsen-Strecke

Der gestrige Regen hat teilweise für Matsch und für riesige Pfützen oder Wasserlöcher auf der Piste gesorgt. Allmählich bekomme ich auch Übung in Wasserdurchfahrten. Dann wird die Piste wirklich schlimm.

Und wenn ich das schreibe, ist das keine Sache, aber selbst George ist fassungslos. Große Steine, Rinnen und Löcher. Beim Runterfahren mache ich mir fast vor Angst in die Hose und mindestens dreimal muss George mir die BMW fahren. Mein Kopf kriegt den Lenkeinschlag nicht hin. Ich könnte auch schreien: *Ich will zu meiner Mama.* Würde nur nichts nützen. Ansonsten lasse ich mit schleifender Kupplung im zweiten Gang rollen.

Das merke ich bald schmerzhaft im Handgelenk und das braucht oft Pausen. Einmal ziehe ich aus Panik die Handbremse und zack – da liegt sie in stabiler Seitenlage, meine BMW. Scheiße. Ein liegendes Motorrad ist ein furchtbar trauriger Anblick. Ich stelle den Motor ab und versuche das linke Lenkerende nach rechts zu bewegen. Geht nicht. Liegt wie fest betoniert auf Stein.

Also auf George warten. Zum Glück tut mir
nichts weh. George kommt zu Fuß wieder hoch.
Mit ziemlichen Kraftaufwand von uns beiden steht
die Maschine wieder, nur - es lässt sich kein Gang
einlegen! Bisschen blöd, weil sie jetzt abwärts steht.
Der Schalthebel ist nach innen verbogen und lässt
sich nicht bewegen.

Vom Tankrucksack ist der Riemen gerissen, der
Verschlussmechanismus hat sich verabschiedet.
Sonst ist nichts kaputt. George lässt die Maschine
bis auf das nächste gerade Stück rollen und mit
einem dicken Stock als Hebel biegen wir den
Schalthebel wieder gerade.

Der Tankrucksack wird mit dem Restgurt
festgebunden.

Weiter geht es. Am schlimmsten sind für mich
die engen Kurven beim Runterfahren oder eher
Runterholpern. Meistens klappt es ganz gut, aber
für mich nicht begreiflich, setzen abrupt Blockaden
ein und ich kriege die Blickführung nicht geregelt.
Dann kommt George und fährt die BMW zu einem
geraden Stück.

Ein Kuhhirte bittet mich bei dieser Pause um eine Zigarette. Muss das langweilig sein, den ganzen Tag hier in der Einöde auf Kühe aufzupassen. Er bedankt sich fast demütig mit gesenktem Kopf und Händen vor der Brust.

Es ist 14:30 Uhr. Wie lange geht das denn noch so weiter? Kommen wir je wieder in die Nähe von Zivilisation? Der Navi zeigt mir noch zehn

Abb. 13 Schotter-Felsen-Strecke. Schwieriges Teilstück, schräger als man sieht.

Kilometer, dann müssen wir links abbiegen. Noch zehn Kilometer!? Die Dörfer haben teilweise ganz schönen Matsch auf ihren Wegen. Und rotbraune Schlammpfützen. Die Angst, darin umzukippen, beflügelt die Gashand ungemein.

Augen weit nach vorne und am Gas bleiben! An der „Kreuzung" bei *Cenion Poshten* steht ein SUV und zwei Männer davor. Sie winken uns freudig zu. George unterhält sich kurz mit dem Jüngeren, die beiden sind aus Dänemark. Ich steige auch ab und geselle mich dazu. Aber stelle ich die Maschine so ab, dass ich nicht drehen muss, sollte es jetzt rechts runter gehen!

Es handelt sich um Vater und Sohn. Der Vater spricht etwas Deutsch. Sie sind vom Norden herunter gefahren und wollen weiter nach Mazedonien. Also führt ihr Weg rechts vorbei. Wir fahren links. Ich frage ihn, wie lange dieser Schotter noch dauert. Es ist nicht mehr weit. Die Straße wird breiter, dann fängt irgendwann der Asphalt an. Wie lange dieses „Irgendwann" noch dauert, frage ich besser nicht.

Es geht weiter und es kommen noch ein paar blöde Geröllstücke. Ich lege mich für zehn Minuten ins Gras. Bin jetzt wirklich müde und möchte nur noch, dass es endlich endlich vorbei ist.

Uns kommt eine Gruppe von Motorradfahrern auf Enduros entgegen. Die machen sicher eine kleine Feierabendtour? Na, viel Spaß!
Und dann nach der Brücke – Asphaltdecke! Wie leicht gleitet meine Lady jetzt daher, wie schnell machen wir nun Meter bzw. Kilometer. Bis George das Hotel *Qetesia* rechts an der SH6 entdeckt. Wunderbar!
Für die zwanzig Euro zu zweit im Doppelzimmer und ein sättigendes Essen: Spaghetti, Schweinesteak, Salat, gebackenes Brot, Schafskäse. Mann, bin ich hungrig gewesen. Doch die Mengen hätten für vier Personen gereicht. Es tut mir immer leid, Essen zurückzugeben. Und das in einem so armen Land oder zumindest armer Region. Der Wirt ist erst achtzehn Jahre alt, stolz zeigt er den Garten in der Hotelanlage.

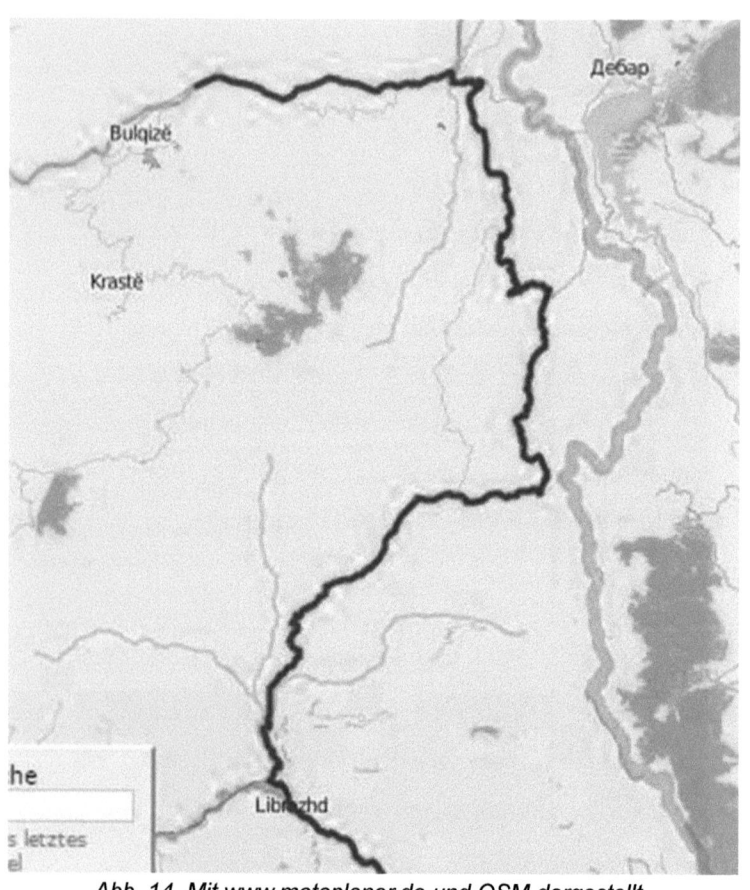

Abb. 14 Mit www.motoplaner.de und OSM dargestellt.
OpenStreetMap-Mitwirkende
www.openstreetmap.org /copyright

Wir sind wahrscheinlich nicht nur die ersten Gäste in dieser Saison, sondern die ersten Gäste überhaupt in diesem Neubau.

Hoffentlich lohnen sich die Investitionen, strategisch günstig liegt es auf jeden Fall. Also unbedingt dort übernachten, solltet ihr die gleiche Route nehmen! Leider war noch keine Webpräsenz vorhanden. Es ist aber nicht zu verfehlen, da es direkt an der **SH6** liegt!

Telefon: +355-0684-113802

Das Zimmer in lila blauen Wand- und Deckenfarben hat einen Balkon, aus dem ein Baum von unten nach oben mit entsprechenden Löchern sprießt. Die Dusche hat keinen Vorhang, das Licht funktioniert im Bad nicht, Klopapier ist alle, die WC-Spülung leckt und wird von George gleich repariert. Trotzdem, echt super. Mir kommt es innen im Haus kühler als draußen vor. Ich ziehe sogar meine Medima Unterwäsche für die Nacht an.

Oder kommt es von der übermenschlichen Anstrengung? Als wir die Tour im Garmin anschauen, stellen wir fest, dass wir die falsche Strecke genommen haben.

Statt die rote Straße zu nehmen, die am Grenzübergang zu Mazedonien vorbei geht, haben wir die andere, die Schotterstrecke gewählt! Aber wir können uns beim besten Willen nicht erinnern, wann wir einen Abzweig verpasst hatten?!

So viele gab es doch gar nicht. Die Dörfer hatten keine Schilder, so dass wir nie wussten, welches Dorf wir jetzt durchfahren. Diese Frage konnten wir nicht klären, fest steht, wir hatten uns verfahren. Nie habe ich mich so gerne zum Schlafen ausgestreckt wie in dieser Nacht.

16. Samstag, 14.05.2016. Nach Škodra.

Der Himmel sieht trotz Wolken vielversprechend aus. Wieder der krachtige Wind aus allen Richtungen, beim Losfahren sind es 14,5 Grad, ein dickes Fleece ist angebracht.
Die Straßen führen uns durch Burrel über die Höhen in 400 Metern hinunter in die malerische Mat-Schlucht.

In Burrel verfransen wir uns kurz.

Der Garmin hat zwar die richtige Richtung angegeben, aber George traut ihm nicht. Wir stoppen kurz am Straßenrand und werden aufdringlich von einem Bettler angesprochen, der die Hand aufhält. Sind wir hier etwa an einer Mautstelle?? Als er mir an die Schulter packt, als ich gerade losfahren will, haue ich ihm den Arm weg und ziehe am Gashahn. Spinnt der? Ich vertraue dem Tom Tom und weiter geht es.

Der Fluss *Mat* begleitet uns und mündet in den *Shkopet* Stausee in der Ebene, wo der *Mat* mit dem Fan zusammen fließt. In *Burrel* steht ein berüchtigtes Foltergefängnis, welches auch von

Hoxha zur Inhaftierung von politische Gefangenen benutzt wurde. *Burrel* ist der Ort, den wir gestern eigentlich erreichen wollten. Der Reiseführer beschreibt den Ort als das Zentrum der Bergbauregion *Mat.*

Die rotbraune Erde stammt von den Eisenerzvorkommen und war uns gestern auf der Schotterstrecke stets gegenwärtig. Dann wird die Strecke gleichförmig und langweilig.

Für Kurzweil sorgt ein gewaltiges Gewitter mit Prasselregen, Donnerknall und rundherum Blitzen, die mir ziemlichen Respekt einflößen. Die Windböen versetzen mir die Karre, ich fühle mich wie ein Passagier fünfter Klasse auf einer Schiffschaukel. In Panik flüchte ich unter eine Tankstelle, George bekommt das nicht mit und fährt weiter.

Die Angst ist im Moment größer als die Liebe, also harre ich neben der Maschine aus und bekomme von den Tankstellenmitarbeitern sogar einen Sessel im Zahlhäuschen angeboten. George kommt nicht zurück, hat sich wahrscheinlich auch schon untergestellt, aber ich kann mich zur

Weiterfahrt erst entschließen, als die schwarzen Wolken nach Osten abziehen und es im Norden deutlich heller wird. George hat an der nächsten Tanke abgewettert und wartet schon auf mich. Bis Škodra sind es nur noch zehn Kilometer, stellenweise sehen wir sogar blauen Himmel.

Das Hotel *Kaduku* (www.hotel-kaduku.com) finden wir erst im zweiten Anlauf um den Kreisverkehr, genauer gesagt, die Einfahrt.

Sie ist ziemlich versteckt. Selbst mit Navi. Aber die Unterkunft ist klasse, kostet das Dreibettzimmer gerade mal 50 Euro für zwei Personen. Kartenzahlung ist wieder nicht möglich, George holt frisches Geld von der Raiffeisenbank. Der Automat hat auf dem Display glatt gefragt, ob er Euros haben will. Die Motos können im winzigen Hof des Hotels abgestellt werden. Abgesehen davon, dass eine Techno Diskothek direkt gegenüber den abwechslungsreichen Schrumm-Schrumm in beachtlicher Lautstärke präsentiert. Da ist der Muezzin Ruf eine melodische Abwechslung.

Abb. 15 Überbacken mal anders

Das Restaurant *San Franzisko* hat auch die Preise
gemäß dem amerikanischen Standard. Ich bin sonst
nicht dafür, das Essen zu fotografieren, was man
gerade zu sich nimmt, aber *überbackene* Shrimps
haben wir uns anders vorgestellt.

Der Rotwein, den wir bestellen, stammt aus der
Gegend, ist von dunkelroter Farbe, hat einen
fruchtigen Abgang und entwickelt ein wohliges
Wärmegefühl bei der Ankunft im Magen.

Kein Wunder: 15 Promille. Im Lokal läuft ein Fernseher mit Nachrichten.

„Schau mal, in Tirana stehen die Straßen einen Meter hoch unter Wasser!", sagt George. Ich drehe mich um und sehe, wie ein LKW durch die Brühe brettert und dabei Wellen schlägt.

„Oh, da haben wir aber Glück gehabt, dass wir nicht über Tirana gefahren sind, was?", sage ich. Wir essen ungerührt weiter.

Abb. 16 Moschee in **Škodra**

Die Stadt Škodra hat circa 70.000 Einwohner und ist die Verbindung zu Montenegro. Die Flaniermeile haben sie gut hingekriegt. Sieht echt gediegen aus. Die Nebengassen überzeugen durch Müll und Zerfall. Einige Häuser haben keine Dächer mehr und innen wächst munter das Grün. Der Gemüsebasar ist dem in Marrakesch nicht sehr unähnlich. Gekühlt wird hier nichts angeboten. Was ich besonders ekelhaft empfinde: Müll wird neben übervollen Mülltonnen einfach auf die Straße gekippt. Man sieht Essensreste, Kartons, Glas, Papier und Plastik, Plastik, Plastik! Die müssen doch Probleme mit Ratten haben!

Freilaufende Hunde und jede Menge Katzen ernähren sich unter Gezänk von den Abfällen.

George hat wieder Probleme mit seinem Fuß, er humpelt, als wir das Lokal verlassen. Nun, war gestern doch ein wenig viel Belastung.

Die Fahrgeschwindigkeit heute betrug 52 km/h im Durchschnitt, insgesamt gefahren sind wir 139 Kilometer. Start bei 733 Höhenmeter und geendet bei 12 Höhenmeter in Škodra.

Höchste Stelle waren 850 Höhenmeter, niedrigste minus 9 Meter. Aufgrund des Gewitters waren zwei Stunden Pause nötig.

So, nun müssen wir Montenegro planen. Es ist ja nicht sehr groß, eine Rundtour in fünf Tagen sollte kein Problem werden. Die Nacht schlafen wir äußerst unruhig, ununterbrochen schüttet es und der gewaltige Donner mit Blitzen sorgen für eine laute Kulisse. Na, denke ich, dann ist ja morgen früh alles wieder besser.

Abb. 17 Überschwemmung in Škodra

Gut, dass wir nicht im Zelt übernachten müssen!

Sonntag, Pfingsten, 15.05.2016. In Škodra wegen Überschwemmung

„Rehlein, wir haben eine neue Katastrophe. Das Zimmer steht unter Wasser!" Es ist sieben Uhr in der Frühe. George steht mit beiden Füßen im Wasser.

Nachts wurde ich einmal wach, weil ein nasser Fleck auf der Paradedecke meinen Fuß kühlte. Nun, wahrscheinlich vom vielen Regen und schlief wieder ein. Bis ich vom Lärm im Treppenhaus wieder geweckt wurde. Irgendjemand flitschte die Dachterrasse mit sehr viel Engagement und Kraftaufwand. Können die das nicht morgen machen? Es ist mitten in der Nacht!

Jetzt schaue ich ungläubig auf den Fußboden: Sämtliche Teppiche durchnässt, die Fliesen stehen voll mit Wasser, Georges Schuhe und unsere Tankrucksäcke mittendrin.

Meiner hat sich durch den Boden komplett vollgesogen. Alles andere ist trocken geblieben, weil ich nach meinem Ordnungssinn ungern etwas auf den Fußboden abstelle. Und die Packtaschen halten ja dicht. Das Bad ist noch trocken, weil es einen kleinen Absatz hat. Barfuß stehe ich im Zimmer im Wasser. Grundgütiger!

Ich schaue im Internet unter www.wetter-online.de nach. Oje, die Küsten einschließlich Montenegro sehen gar nicht gut aus. Ich kann noch gerade den Kaffee in der Espresso-kanne kochen, dann fällt der Strom aus.

Wo kommt denn dieses Wasser bloß her? An der Zimmerdecke ist nichts zu sehen. Ich steige auf die Dachterrasse, dort ist kein stehendes Wasser zu sehen. Aber der Himmel ist schwarz und wolkenverhangen, das wird heute nichts mit Montenegro!

George rennt zur Rezeption und kommt mit einer Reinigungskraft zurück. Sie versteht kein Englisch und natürlich auch kein Deutsch.

Mit einem Schmalspurbesen fegt sie das Wasser Richtung Bad. George packt bei den Teppichen mit an. Sie werden alle in die Dusche geworfen.

Nach zwanzig Minuten ist das Gröbste beseitigt. Zumindest in unserem Zimmer, aber auch die drei anderen auf der Etage haben was abgekriegt. Wir gehen erst mal zum Frühstück in den Keller. Die Teppichläufer im Speiseraum sind auch nass. Unsere Motorräder haben wieder lesbare Nummernschilder. Also, wir bleiben noch eine Nacht und der Wirt verspricht uns ein anderes Zimmer. Er entschuldigt sich tausend Mal für das Ungemach. Na, es gibt Schlimmeres. Gut, dass wir gestern nicht weiter gefahren sind.

Na, dann können wir ja doch die Burg ansehen und lassen uns ein Taxi kommen. Die Burg liegt vor der Stadt, und so viel Laufen wollen wir nicht. Wir sind hundemüde nach dieser Nacht. Der Fahrer wird für 13:00 Uhr für die Abholung bestellt. Da dachten wir noch, dass das Café in der Burg geöffnet hat.

Aber weder das Café noch das Museum sind geöffnet. Es ist nämlich noch immer kein Strom da. Ich berichte dem Burgmitarbeiter von unserem Erlebnis mit den schwimmenden Teppichen im Hotel.

„The Night was terrible!", sage ich mitfühlend. „No", antwortet er. „It was horrible, not terrible!" Auch er sieht sehr müde aus. Es fallen ein paar wenige Tropfen. Die Burg ist ja eine Ruine und sehr viel Möglichkeiten zum Unterstellen gibt es nicht. Oje, das war sehr optimistisch, den Taxifahrer erst um 13:00 Uhr zu bestellen. Jetzt ist es 11:00 Uhr! Also blicken wir skeptisch auf die überflutete Ebene ringsherum.

Die Aussicht ist klasse, aber die Richtung, in die wir morgen fahren wollen, ist dunkel bis Schwarz verhangen. Eine Moschee steht im Wasser, aber die war wohl sowieso nicht mehr in Betrieb. Der Fluss vermischt sich langsam mit der schmutzigen Überflutungsbrühe. Eine albanische Familie möchte sich unbedingt mit uns gemeinsam auf einem Foto ablichten lassen.

Sie fragen, woher wir herkommen und bedanken sich mehrmals, dass sie das Bild knipsen dürfen. Der Taxifahrer kommt zum Glück schon 30 Minuten früher als verabredet. Wir gehen in die Stadt und essen heute etwas Preiswerter, aber gut. Unser neues Zimmer ist sehr viel größer als das letzte. Wir versuchen, unsere nassen Sachen trocken zu bekommen. Was nicht so ganz gelingt, es ist überall zu feucht.

17. Pfingstmontag, 16.05.2016. Von Škodra nach Montenegro, Sveti Stefan

Als wir aufwachen, schüttet es immer noch. Wir zögern die Abfahrt wirklich hinaus, aber es nutzt nichts. Irgendwann rollen wir in strömendem Regen los. Die Ausfahrt aus Shkodra klappt gut. Ich bleibe dicht bei George, wir kämpfen uns durch den albanischen Stadtverkehr mit Fußgängern, Radfahrern, unübersichtlichen Vorfahrtsregelungen und sind recht schnell aus der Stadt.

Durch kleine Dörfer rollen wir bis zur Grenze nach Montenegro. Der Grenzübergang klappt problemlos, auch wenn die Passkontrolle in einem von Tauben in der Dachkonstruktion bevölkertem Gang stattfindet.

Beim Blick durch die Fensterscheibe erblicke ich einen Beamten auf montenegrinischer Seite, der angestrengt mit gerunzelter Stirn ein Kreuzworträtsel löst. Die Tauben scheißen prompt einem aus der Tür tretenden freundlichen Beamten auf den Kopf. Das hat glücklicherweise keine Auswirkungen auf unsere Einreise, wir rollen nach kurzer Zeit in Montenegro ein.

Bei Vladimir biegen wir ab auf die R16. Diese zieht sich in engen Kehren von etwa Meereshöhe auf fast 500 Meter. Danach geht es wieder bergab auf ca. 200 Meter an den Shkoder-See.

Die Aussicht ist trotz des schlechten Wetters fantastisch. Die schmale Straße zieht sich jetzt eng am Seeufer entlang durch lichten Wald und wilde Berge. Einige kleine Bergdörfer, Hirten, Schafe, Ziegen Kühe und der See, das Auge ist immer beschäftigt. Dabei fordert die Straße natürlich auch einen Gutteil Aufmerksamkeit. Insbesondere bei den seltenen Begegnungen mit entgegenkommenden oder zu überholenden Autofahrern. Was wäre das erst bei schönem Wetter gewesen?!?

Irgendwann hat die Herrlichkeit ein Ende, in Virpazar verlassen wir den Shkoder-See und die kleine Bergstraße, wir biegen ab, zunächst auf die E80 und dann auf die M2 Richtung Petrovac nach

Abb. 18 Sveti Stefan

Moru. Die Straße ist zwar breit und gut ausgebaut, aber landschaftlich ansprechend mit vielen Kurven. Es wird noch schöner, als der Regen endlich endlich aufhört und wir die Adriaküste in der klaren, reingewaschenen Luft vor uns sehen.

In Petrovac biegen wir ab auf die E80 Richtung Richtung Budva.

Abb. 19 Am Strand vor Sveti Stefan

Wir fahren noch bis Sveti Stefan, hier beziehen wir ein Hotel. Nicht gerade billig (95,- €) aber es ist schön hier und ich bin es so satt! Wir wandern an den Strand - steil und anstrengend, vor allen zurück bergauf – vertreiben uns die Zeit mit einem Bau einer Steinburg am Strand. Der Blick auf die Insel Sveti Stefan ist beeindruckend. Die Insel der Reichen. Eine Übernachtung kostet 950 Euro, allerdings mit Frühstück. Die teuerste, in der Villa Sophia Loren, sogar 3000 Euro. So bleibt man unter sich.

Ich bin so geschafft, dass ich auf den Kieseln am Strand für eine halbe Stunde einschlafe. Auf dem Rückweg bekommt George von einem „jungen Arbeiter", der hier seine Bar renoviert, einen Grappa und ich ein Bier angeboten. Na, wenn das mal gut geht! Seit dem Frühstück nichts gegessen und jetzt einen Schnaps. Wir unterhalten uns angeregt auf Englisch und versprechen, morgen - da ist hier Eröffnung - zum Frühstück vorbei-zuschauen. Zu essen finden wir zwei Häuser weiter endlich etwas. Natürlich Fisch, zumindest ich.

George isst Lammkeule. So endet der Tag noch recht schön.

18. Dienstag, 17.05.2016 – Sveti Stefan bis Perast

Morgens schüttet es schon wieder. Also wird es auch heute nichts mit schön entspannt über kleine Bergsträßchen Richtung Kotor – Bucht.

Nach dem Frühstück bei „unserem jungen Freund" von gestern heißt es, in die Plastiküberzieher schlüpfen. Dann rollen wir langsam los. Es geht weiter auf der E 80 Richtung Budva und Kotor.

Die Adriaküste breitet sich vor uns aus, leider lässt der starke Regen dabei keine Glücksgefühle aufkommen. Erst recht nicht, als wir nach ca. 5 km in einen richtigen Stau kommen. Obwohl die Straße vierspurig durch Bećići verläuft, geht nur stop and go. Die meisten Autofahrer machen auch keinen Platz, sodass das Hindurch- schlängeln schwierig ist.

Die Dosenfahrer sind mit allem Möglichen beschäftigt, überwiegend mit ihrem Smartphone. Mit Autofahren jedenfalls nicht. Als George an einem Taxi mit seinen Packtaschen hängenbleibt und dessen Spiegelverkleidung mit einem kleinem Plastikstück abreißt, habe ich die Nase voll – wir reihen uns bei den Wahnsinnigen ein! Den Spiegel des nicht mehr so neuen Taxis bezahlt er mit 50 Euro und schafft die Angelegenheit damit aus der Welt.

Er schafft es sogar, das Plastikstück wieder dran zu pappen. Selbst als ein Transalp-Fahrer uns zeigt, dass Durchschlängeln weiterhin geht, bleibe ich hart. Zumal ich selbst einen Spiegel leicht berühre. Der Fahrer telefoniert, ist aber so gütig, das Gespräch für die Verhandlung mit mir zu unterbrechen.

„So sorry!", sage ich und lege ein weinerliches Timbre in meine Stimme. Er nickt, *no problem*. Klar, am Spiegel ist wirklich nichts dran! Dann will ich weiter fahren, bzw. paddeln, und es geht irgendwie nicht. Es drückt mich nach links.

Meine Packrolle? Ich paddele weiter, höre das Geschrei des Autofahrers und denke, leck mich jetzt am Arsch. Wahrscheinlich knutscht die Packrolle gerade mit seinem linken Außenspiegel. Mach' Platz, zum Teufel. Irgendwie komme ich doch an ihm vorbei. Also in Sachen Sturheit erinnert mich das hier sehr an Deutschland.

Ein LKW Fahrer gibt uns von oben aus dem Seitenfenster den Tipp, auf dem Bürgersteig zu fahren. „No Policia!" Ich muss fast lachen. Auf dem Bürgersteig fahren, über mehrere hundert Meter – also ehrlich. George verliert nur ein bisschen die Nerven, er versucht noch, den Stau dann in Bećići auf kleinen Sträßchen zu umfahren, dabei landen wir am Strand mit vielen freien Liegen. Ich steige ab und rauche mir eine. Mir ist zu warm, die Regenklamotten fliegen wieder in die Packrolle. Danach wieder zurück und anstellen. Die Baustelle selbst befindet sich in einem Kreisverkehr auf einer Schlammpiste. Das Ganze wäre nicht so schlimm, wenn die Dosenfahrer einfach fahren würden.

Nein, sie halten bei jedem Loch an und das Gedaddel im ersten Gang macht meine Karre in diesem Matsch instabil. Irgendwann – gefühlte Stunden später – haben wir den Stau hinter uns. Jetzt kann uns nichts mehr aufhalten!

Abb. 20 Vor dem Hotel Comte

In Budva verlassen wir die E80 ein kleines Stück, es geht durch enge Kehren steil bergauf, bis wir bei Lastva Grbaljska wieder auf die E80 stoßen. Landschaftlich war das Stück nicht wirklich schön, aber immerhin kurvenreich. Über die E 80 und die P22 geht es weiter zur Bucht von Kotor. Die Bucht von Kotor ist eine fast 30 km lange, von hohen und sehr steilen Bergflanken gesäumte, stark gewundene fjordartige Bucht der südöstlichen dalmatinisch-montenegrinischen Adriaküste und *das* Highlight in Montenegro.

Ein großartiges Vermächtnis der Natur, die Ufer erinnern stark an Norwegen, obgleich in *Wikipedia* https://de.wikipedia.org/wiki/Bucht_von_Kotor diese großartige Landschaft nicht als *Fjord* klassifiziert wird, weil nicht durch Gletscher entstanden, sondern ein durch Meerwasser vollgelaufener Canyon ist. Nun, spielt für uns nicht die Rolle, wir sind keine Geologen.

Es herrscht immer noch viel Verkehr, aber der Regen lässt langsam nach. In Kotor scheint schon, wenn auch recht verhalten, die Sonne. Busse über Busse am Eingang zur Altstadt.

Wir besichtigen das zum UNESCO Weltkultur- und Naturerbe geadelte Zentrum. Und das lohnt wirklich! Obwohl touristisch total erschlossen und

Abb. 21 Abendstimmung am Fjord

entsprechend überlaufen, fesselt die pittoreske Altstadt mit ihren schmalen Seitengängen, eingerahmt von der mächtigen Stadtmauer und umgeben von den hohen Bergen auf der einen und dem Fjord auf der anderen Seite. So lassen wir uns durch die Stadt treiben, trinken einen Kaffee und sind rundum zufrieden. Hier sehen wir auch etliche Motorradfahrer.

Nach dem Aufenthalt in Kotor geht es immer am Fjord lang zunächst bis Perast. Hier kurzer Fotostopp, danach fahren wir bis Risan. Doch der Betonklotz von Hotel *Teuta*, dass wir uns im Reiseführer ausgesucht haben, hat geschlossen. So, wie die Umgebung wirkt, ist das schon länger der Fall. Also zurück nach Perast.

Die Durchgangsstraße im Ort hat gerade mal eine PKW Breite. Hier checken wir im Hotel *Conte* ein. Unbedingt zu empfehlen!

Das Zimmer hat eine Minibar, Tee und Kaffee sind kostenlos, es kostet 78 Euro pro Nacht.

An der Rezeption spricht man super Englisch, der Service ist klasse, die Motos können im Hof abgestellt werden. Zur Begrüßung gibt es einen Gutschein für ein Getränk nach Wahl.

Abb. 22 Schlafender Prachtfalter
von 13 cm Größe

Gegenüber des Hotels ist der Biergarten mit Blick auf den Fjord und das gegenüberliegende Ufer. Durchatmen, zurücklehnen, Fische beobachten und das Leben schön finden.

19. Mittwoch, 18.05.2016. Von Perast bis Mojkovac

Endlich werden wir morgens von hellem Sonnenschein geweckt. Beim hoffnungsvollen Packen der Motos fällt George die Nuda fast vom Ständer, nur unser gemeinsamer Einsatz rettet sie vor dem Fall. Nichts kaputt, ein Glück. Bis Risan fahren wir wieder am Fjord lang, dann geht es auf einer Single Road immer bergauf. Ruckzuck sind wir auf 600, dann auf 1.000 Meter Höhe.

Zwischendurch quetschen wir uns an einem heißgefahrenen PKW vorbei. Ansonsten: Schöne Kurven, schöne Aussicht, Kühe und Ziegen auf der Straße und abenteuerlicher Asphalt. Dann kommen wir auf die M4, der wir bis Vilusi folgen. Die Straße ist breit und gut ausgebaut. Sie führt in weiten Kurven über eine Hochebene.

Bäume und Wiesen bilden einen grün-bunten Kontrast zu den grauen Felsen, ab und zu ein weitläufiges Dorf, oft auch halb verlassen.

Wir rollen zügig durch diese Landschaft.

Das ändert sich auch nicht, als wir bei Vilusi auf die M6 biegen. Es geht meist bergauf, wir klettern auf über 1300 Meter Höhe, was wir auch an der Temperatur merken. Was etwas nervt. Häufiger sind Polizisten mit Laserkameras zu sehen. Sie scheinen zwar – noch (?) - Motorradfahrer nicht zu verfolgen, aber ein ungutes Gefühl bleibt.

Es geht noch malerisch an den Seen Slansko und Krupac vorbei bis Niksic. Unsere Streckenplanung sah so aus, dass wir bei Niksic auf kleinen Straßen bis Mojkovac fahren.

Wir verpassen aber irgendwie die richtige Abfahrt, bzw. die eine Schotterstrecke, die George findet, passt mir nicht. So geht es über die R5 zunächst nach Savnik. Was kein Fehler ist. Guter Asphalt, enge Kurven, bergauf und bergab, dazu eine abwechslungsreiche, mit lichtem Wald bewachsenen Berglandschaft. Ich lasse die Nuda RR fliegen – großartig! Bei Savnik noch eine Pause in einem kleinen idyllisch gelegenen „Restoran". Dort entdecken wir einen ca. 6 – 10 cm großen Nachtfalter an der Wand. Beeindruckend!

Es geht weiter bis Zabeljak und dann über die R4 in die Tara–Schlucht. Die kennen wir ja schon vom letzten Jahr.

Sie ist aber noch genau so schön – auch wenn viel gebaut wird. Wir rollen entspannt durch die vielen Kurven und Tunnel, genießen die Blicke in die Schlucht und auf die Berge. An einem Aussichtspunkt treffen wir noch eine kleine deutsche Reisegruppe, die mit einem Minibus und eigenem Führer hier in Montenegro unterwegs sind.

Dann nehmen wir die letzten Kilometer nach Mojkovac unter die Räder und übernachten im selben Hotel wie letztes Jahr. Eine Auswahl gibt es hier auch nicht. Der Kellner erinnert sich nicht mehr an uns. Hier herrscht Renovierungsstau, die Qualmerei aus dem Untergeschoss dringt bis nach oben, es stinkt ziemlich nach Nikotin. Nichtraucherschutzgesetze gibt es hier nicht. Selbst als Raucherin ist mir das Aroma unerträglich, ich öffne ein Fenster und schließe die Tür zu den Zimmern.

20. Donnerstag, 19.05.2016. Von Mojkovac bis Bijela

Abends kamen dann noch zwei kleine Motorradgruppen, 3 BMW-Fahrer aus dem Kohlenpott und 2 BMW-Fahrer aus Israel.

Morgens scheint die Sonne, wir fahren nach einem kleinen Frühstück, welches hauptsächlich aus Ei bestand, relativ früh los. Ich muss tanken, aber die Tankstelle am Ortsausgang hat kein Benzin! Also zurück in den Ort, der hat glücklicherweise noch eine Tankstelle, und die hat auch Benzin. Dann geht es mal wieder durch die Tara-Schlucht. George lässt die Nuda gut laufen, ich komme etwas gemütlicher hinterher. An der Tara-Brücke legen wir wieder eine kurze Pause ein.

Es hat merklich abgekühlt und die Sonne hat sich mittlerweile hinter dunklen, schweren Wolken versteckt; dazu bläst ein starker böiger Wind. Wir fahren weiter bis Zabeljak, wo wir auf die kleine Passstraße durch den Durmitor NP nach Trsa abbiegen.

Abb. 23 Tara Schlucht vor einem Tunnel

Hier ziehen wir erst mal die wasserdichten Plastiks über, da es jetzt noch kälter geworden ist und die Wolken noch mehr mit Regen drohen. Die kleine Straße zieht sich durch eine alpine Bergwelt und verwöhnt das Auge mit großartigen Ausblicken.

Auch wenn wir die Straße schon kennen, fasziniert sie genauso wie beim ersten Mal.

Obwohl jetzt die Sonne nicht scheint, sondern der wolkenverhangenen Himmel für ein ganz besonderes Licht sorgt. Wider Erwarten bleibt es auch trocken, wenn auch das Sträßchen oft mit Schmelzwasser überzogen ist. Je höher wir kommen, je mehr Schnee liegt rechts und links neben der Straße, an manchen Stellen bleibt nur eine enge Fahrspur frei – schön. Immerhin liegt die Passhöhe bei 1914 Metern. Einige wenige LKW's und ein PKW kommt uns entgegen, sonst haben wir die Straße bis kurz vor Trsa für uns alleine.

Dann schließen doch noch einige Motos zu uns auf und weitere zwei kommen uns entgegen.

In Trsa nehmen wir, wie im letzten Jahr, wieder einen Kaffee im Restoran. Und werden freundlich und auf deutsch von einem Einheimischen angesprochen.

Abb. 24 Montenegrinische Straßensperre

Es bedarf nicht vieler Dinge, um glücklich und
zufrieden zu sein. Hier sind wir es!

Trotzdem fahren wir weiter Richtung Pluzine. Kurz vor dem „Pivsko jezero" laufen wir auf die Motorradgruppe auf, die uns eben ein kleines Stück begleitet hat.

Sie machen Rast an einer Stelle mit großartigem Ausblick auf den See. Das kennen wir doch auch so vom letzten Jahr.

Wir fahren weiter, auf die E762 zunächst bis Nikšić und dann wieder auf die M6 / M4. Die Baustelle auf der M6 zwingt uns noch eine kurze Pause auf, da die Passage für eine kurze Zeit komplett gesperrt ist. So haben wir Zeit, uns mit den zwei GS 1200 Fahrern, die letzte Nacht ebenfalls im Hotel waren, zu unterhalten. Es sind zwei Israelis, die auf ihren Maschinen für 4 Wochen durch die Balkanländer touren. Dann stößt noch ein Bayer dazu, der ist aber schlechter zu verstehen als die Israelis!?! Also entweder untertiteln oder in Englisch versuchen. Der Dialekt klingt mehr nach Lauten als nach gesprochenen Worten.

Als die Fahrspur wieder freigegeben wird, setzen wir uns schnell an die Spitze der Kolonne.

Nur um etwa 1,5 Kilometer weiter wieder vor einer Sperre zu stehen. Die für die andere Seite. Mit dicken Felsbrocken ist die Straße komplett abgeriegelt.

George zwängt sich noch mit der Huskie durch eine kaum vorhandene Lücke, wird dabei sogar von einer Fahrerin tatkräftig unterstützt, die auf der anderen Seite in der ersten Reihe steht.

Mit meiner F 650 kommen wir leider nicht ohne Weiteres durch die Lücke, die Fußrasten bauen zu breit. Hochklappen bringt nichts. Da jetzt die Pistenraupe ankommt, um die Steine wegzuräumen, verzichten wir auf einschneidende Maßnahmen und warten auf den Augenblick, bis die Pistenraupe eine Lücke geschaffen hat. Komische Straßensperrungen haben die Montenegriner.

Bei Vilusi geht es wieder auf die M4 Richtung Herceg Novi, vorher muss George aber noch tanken, es wird langsam eng mit dem Spritvorrat. Der Himmel über den Bergen ist mittlerweile nicht mehr dunkel, sondern tiefschwarz. Dazu weht ein heftiger, böiger Wind. Bald setzt auch der lang

113

erwartete Regen ein, dazu zucken in der Ferne Blitze über den Himmel.

Es kommt nicht ganz so schlecht, wie gedacht, aber schöne Verhältnisse sind anders. Zur Not hätte ich mich in einem Tunnel mit Warnblinkanlage untergestellt. Ich habe so eine Angst bei Gewittern auf dem Bock zu sitzen!

Leicht versöhnt werden wir durch den Blick auf die gegenüberliegende Fjordseite, die uns bei der Abfahrt geboten wird. Dann noch etwa 10 Kilometer und wir sind in Bijela.

Doch leider ist die Zufahrt zum ausgewählten Hotel durch eine Baustelle nebst Bagger verstellt. Ich verweigere die Durchfahrt, so dass wir im 4 *-Hotel Delfin für 100 Euro pro Nacht einchecken. So verabschieden wir uns quasi von Montenegro, wie wir empfangen wurden.

Durchwachsenes Wetter und ein Luxushotel zum Übernachten. Sobald man das Zimmer betritt, startet der Fernseher mit deutschen Programmen. Nur dann funzt auch das WLAN. Wir essen in einer kleinen Pizzeria ganz schlichte Menüs.

Ich habe keine Lust, noch lange etwas zu suchen. Außerdem muss die Investition des teuren Hotels wieder reingeholt werden.

George will die Maschinen am Seeufer abstellen. Ich bin dagegen, sie sind da zu präsent. Wir stellen sie in der Seitenstraße zum Hotel ab und legen sie an die Kette.

Abb. 25 Eine der kleineren Pfützen in Bijela

Angesichts der kommenden nächtlichen Wetterverhältnisse eine gute Entscheidung! Nachts kommt es wieder lautstark nieder.

Ich stehe um 03:00 Uhr auf dem Balkon und sehe das aufgepeitschte Wasser des Fjords.

Es donnert laut, blitzt ununterbrochen und prasselt wieder die ganze Nacht. Wird allmählich zur Gewohnheit. Treffen der Gewitter im Balkan.

21. Freitag, 20.05.2016. Bijela bei Regen

Wir bleiben einen weiteren Tag in Bijela, das Wetter ist einfach zu schlecht. Unsere Maschinen haben die Nacht ohne Probleme überstanden, sie waren durch die Nebenstraße gut geschützt.

Die Küstenstadt wird beherrscht von der riesigen Werft. Es ist die größte Instandsetzungs- und Reparaturwerft in Montenegro.

Das Wasser sieht dennoch vollkommen klar aus. Wir laufen am Seeufer entlang und durch die Stadt zurück.

Auch hier ist das Rauchen überall erlaubt, sogar wenn jemand nebenan sein Essen zu sich nimmt. Nichts für George.

Wir gehen am Nachmittag zum Hotel zurück und George nutzt das Schwimmbad. Wenn schon vier Sterne, dann auch alles mitnehmen. Bei mir hat der letzte Reisebericht einen Crash, die Datei ist geschreddert. Ich nutze die Zeit und schreibe alles noch einmal. So ein Mist.

22. Samstag, 21.05.2016. Nach Trogir in Kroatien

„Good bye Montenegro!" Heute geht es bei krachtigem Wind nach Kroatien, der Heimweg rückt nun deutlich näher. Es regnet nicht mehr, das Balkantreffen aller Gewitter ist beendet, das Treffen der Donnergewalten aufgelöst.
Der Wind lässt dem Wasser im Fjord die Wellen weiß auftürmen, die Palmen wackeln hin und her. Na, auch nicht gerade ermutigend!

Entweder regnet es, oder es donnert, es ist zu kalt oder zu windig, und heute wird es sicher zu warm. Wir starten um 09:15 Uhr bei 21 Grad. Das hatten wir bisher noch nicht. Eine Zeit lang sind die Bumsböen echt nervig. Die Knallgas-experimente im Chemieunterricht waren da gar nichts gegen! Auf einer Brücke in Kroatien wird davor sogar gewarnt. Kaum habe ich es gelesen, geht es auch schon los. Mann, ich bin froh, als ich die Brücke passiert habe.

Die Karre wird regelrecht versetzt, aber unberechenbar nach links oder nach rechts. Ich habe schon Muskelkater vom Festhalten am Lenker und Runterbeugen auf den Tankrucksack.

Ganz verspannt im Hier und Oben auf der Maschine. Ich halte an, versuche, die verspannten Muskeln zu strecken. George ist natürlich schon auf und davon. Ich treffe ihn an der Grenze wieder. Beim Grenzübergang muss ich noch nicht mal meinen Helm abnehmen. Jetzt müssen wir für 9 km durch Bosnien Herzegowina und wieder nach Kroatien einfahren.

Ohne den Zugang für Bosnien zum Meer hätte es den Frieden in den 90igern nicht gegeben. Die Bosnier wollten unbedingt einen Zugang zum Meer. Kann ich auch verstehen.

Wir finden an der Straße bei *Ploce* dasselbe Restaurant wieder, welches wir zu Beginn unserer Beziehung und lebenslangen Liebe in 2010 schon mal besuchten. Ich erinnere mich erst, als ich im mit rot karierter Tischdecke dekorierten Biergarten sitze. Wir essen einen Fischsalat nach Art des Hauses: Tintenfisch, Muscheln, anderer Fisch, sonstiger Fisch, Kartoffeln und Äpfel. Interessant.

Das Ziel ist jetzt *Trogir*, es sieht spannend aus wegen der Insel, die über eine Brücke zu erreichen ist. Wir finden ein Hotel am Hafen vor der Marina. Der Wind hat überhaupt nicht nachgelassen, den ganzen Tag nicht. Außer, dass die unberechenbaren Böen aufhörten und dafür gleichmäßiger Luftstrom auf den Helm prallte.

Als wir die Motos abladen, legt gerade ein Holzmotorschiff mit ziemlich angetüterten Passagieren an.

Die stehen alle um die Huskie herum. Ist klar, die BMW interessiert ja doch keinen. In der Marina liegen sogar Traditionssegler, Zweimaster und Rahsegler. Bei diesem Wind mal einen kleinen Schlag aufs Mittelmeer zu machen, würde genauso spannend sein wie eine Schotter-Loch-Strecke. Irgendwann möchte ich noch mal segeln gehen! Nur mit der Windkraft lautlos nach vorne, zur Seite, halsen und wenden ohne Motorgeräusche. Die Natur hat solche Kräfte!

Die Rezeption am Hotel „Vila Sikaa" (www.vila-sikaa.com) in der Obala Kralja Zvonmira 13 ist deutschsprachig. Die Dame hat in Deutschland gearbeitet und ist sehr sehr hilfsbereit. Die Motos können wir im Hof abstellen, leider ist die Tür zum Hof sehr sehr schmal und George hat einiges zu rangieren, bis die zwei Maschinen abgestellt sind. Das Zimmer im Dachgeschoss hat nur den Nachteil, alles Gepäck drei Stockwerke hoch schleppen zu müssen, wobei wir Unterstützung durch die Mitarbeiterin der Rezeption erhalten.

Das Zimmer kostet 80 Euro bei Barzahlung, mit Karte sind es 10% Aufschlag. Das Haus steht unter Denkmalschutz. Kann ich nur empfehlen, das Dachgeschoss hat Klimaanlage! Was selbst im Mai kein Fehler ist.

Abb. 26 Hafen in Trogir

Abends essen wir in einem Fischrestaurant: zur Abwechslung wieder Miesmuscheln und Tintenfisch. Und bekommen zwei Schnäpse auf Kosten des Hauses, die mich bei der Heimkunft im Hotel ziemlich narkotisiert in einen frühen Schlaf fallen lassen. Es stört mich auch nicht die Einflugschneise des Flughafens von Split.

23. Sonntag, 22.05.2016. Zu den Plitvičker Seen

Auch hier waren wir schon in 2010. Das Naturwunder und einer der Schauplätze der Karl-May-Filme hat nichts von seiner Faszination verloren. Mit uns kommen zwei österreichische Motorradfahrer mit Sozias an. Die Hotels direkt am Parkeingang sind aber beide belegt.

Wir wollen einen Tag an den Seen verbringen, bevor es endgültig Richtung Heimat geht. Wie so oft im Leben, kommt nach einer Enttäuschung ein Highlight. Wir finden ein Zimmer in einer der zahlreichen Pensionen zirka drei Kilometer vor dem Parkeingang. Diese Unterkünfte sind nicht nur preiswerter (50 Euro pro Übernachtung im Doppelzimmer), sondern bieten viel familiäres Umfeld und deutschsprachige Gäste.

Da der Sprit bei George grenzwertig eng wird, müssen wir von der geplanten Garminroute einer gelben Straße über *Drnis* abweichen und bleiben nach dem Tanken auf der „33", wechseln bei *Knin* auf die „1" bis *Plitvička Jetzera*, unspektakulär, aber landschaftlich spannend.

Ich bin heute irgendwie stinkfaul, müde und mit Muskelkater beschwert. Der Asphalt ist stellenweise aber so neu, dass man davon sogar essen könnte.

24. Montag, 23.05.2016. Im Park der Plitvičker Seen.

Nach dem liebevoll vorbereiteten Frühstück der Familie (sogar mit selbst gepflückten Kirschen, allerdings nur Nescafé, was mich auf Tee umsteigen lässt) starten wir heute per Pedes zu dem Nationalpark Plitvičker Seen.

Von der Pension sind es circa drei Kilometer bis zum Eingang des Parks. Der Eintritt kostet 120 Kuna (1 Kuna = 0,133408€, über den Daumen 1:7) für zwei Personen, Schiff und Bus sind mit inbegriffen. Die großen Wasserfälle sind wegen Überflutung der Gehwege um den See gesperrt. Wir nehmen einen gesperrten Weg, den wir erst nach Überwindung bei der Ankunft im Territorium des Hochtourismus (Fressbuden und Souvenirs) als verboten erkennen. Der Weg hat ziemliche Matschspuren, mitunter auch überflutete Wege, die nur mit einem Umweg und Kletterei zu überwinden sind. Beim Abstieg rutsche ich aus und komme unten mit einem Großteil von Dreck im Rücken an.

Von jetzt an ziehe ich meine Schuhe und Strümpfe aus, wenn es zu nass wird.

Die Landschaft in ihrer Ursprünglichkeit ist einfach unglaublich. Umgestürzte Bäume werden so belassen, nur der Weg wird frei geräumt. Wir sehen eine Smaragdeidechse, hören laute Froschkonzerte und sehen eine Menge Fische im glasklaren Wasser, die unbehelligt von Angelschnüren so vor sich hin schwimmen. Die UNESCO hat das Schwimmen im Wasser verboten und die Schiffe bewegen sich ausschließlich mit Elektromotoren.

Das Wasser der Seen in grün-blauen Farben begleitet uns. Forellen jeder Größe sind in dem glasklaren Wasser an der Oberfläche immer zu erkennen. Ein umgestürzter Baum ist von zwei Baumpilzen von riesiger Größe befallen.

Ich kloppe einen mit einem Stock ab, das macht man nicht, weiß ich ja. Mache ich jetzt aber doch. Sonst bringen wir immer Steine mit, dieses Mal einen Riesenpilz. Darauf können meine Hängetillandsien wachsen.

Der Pilz ist super schön und wiegt mindestens drei Kilogramm. Auf einer Passage durch Wasser kommt George mit einigen Schreckenslauten ins Straucheln. Hält sich aber tapfer.

Was gut ist: Wir haben nur wenig Gegenverkehr von Wanderern, hätte uns schon stutzig machen müssen.

Abb. 27 Plitvičker Wasserfälle

An der Grill- und Fressstation angekommen, bin ich über die Menschenmasse in diesem Park ziemlich erstaunt. Grundgütiger! Wir essen Fastfood, George Wurst like handmade, aber unklarer Inhalte mit Ausnahme von Fett, und ich einen Hamburger Plitvick mit Speck.

Na ja, macht satt, ein Magenfüller halt. Der Kaffee ist jedenfalls gut. Wir versuchen den Weg zum großen Wasserfall, aber hier geht es wirklich nicht mehr weiter.

Oder wir brauchten an der Steilwand ein Kletterseil. Zurück und ich nehme den Bus. George läuft zu Fuß. Die Menschen, die hier in Flip-Flops unterwegs sind, haben meinen Respekt. Ich jedenfalls wäre über meine Wanderschuhe froh. Doch dann ginge die Packrolle nicht mehr zu.

In der Pension angekommen, gelingt es George, meinen Tom Tom mit der geplanten Strecke nach Slowenien zu programmieren. Das Wirtsehepaar grillt neben unserem Zimmer Forellen. George fragt, ob wir auch was zu essen bekommen.

Ja, das funktioniert, sie braten uns welche mit. In einem Hotel einfach unmöglich.

Mir dämmert langsam, dass der Urlaub zu Ende geht. Und das Abendessen mit vier gebratenen Forellen ist einfach göttlich. Diese Menschen strahlen keine professionelle Freundlichkeit und einen Kundenservicegedanken aus:

Nein, sie sind es wirklich und es ist sehr herzlich, wie sie versuchen, uns alles recht zu machen. Die anderen sechs Gäste sitzen auch zu Tisch und das Ganze bekommt dadurch eine familiäre Atmossphäre.

Auch wenn es sich nur um small Talk handelt. Die drei Paare wollen morgen weiter nach Rijeka. Dass es ältere Ehepaare sind, wollte ich ja nicht mehr schreiben, aber sie sind wirklich geschätzte zehn Jahre älter als wir.

Und wer hätte es gedacht? Mal wieder knallt ein Gewitter herunter. Na, besser jetzt als morgen früh.

25. Dienstag, 24.05.2016.
Nach Postojna / Slowenien

Der Abschied von der Pension ist sehr herzlich. Der junge Sohn des Ehepaares beobachtet unsere Abfahrt und erklärt George den Weg zu dem großen Wasserfall, den man von der Straße aus sehen kann. Er spricht gut Deutsch, aber ich habe trotzdem Zweifel, dass es leicht zu finden ist.

Der Bordcomputer zeigt gerade mal 11 Grad an, gut, dass ich die Lüftungsschlitze durch George noch schließen lasse. Die Dinger vergesse ich doch immer!

Natürlich verfransen wir uns in einem kleinen Dorf in einer winzigen Straße. Kurze Erklärung durch einen Einheimischen, drehen und zurück.

Die Straße wird winziger, holpriger und kaputter, aber irgendwann stehen wir vor einem Kassenhäuschen. Der Mitarbeiter darin erklärt uns auch anschaulich, wie wir den Wasserfall finden. Da kommen zwei Motorradfahrer zu Fuß daher. Klar an der Touratech Jacke zu erkennen.

Sie suchen auch den Wasserfall und berichten, dass der Weg dorthin wegen Überflutung nicht zu begehen ist. Na, wer hätte es gedacht. Am Dialekt als Österreicher zu erkennen. Wir fotografieren die kleinen Wasserfälle noch mal von oben. Tolle Landschaft, hat sich gelohnt, der Abstecher. Wir sitzen wieder auf und halten wieder nach 500 Metern an. Nun sehen wir auch den großen Wasserfall und treffen die Österreicher wieder. Wir kommen ins Gespräch über Reifen, Freundlichkeit der Länder und Touren im allgemeinen und Besonderen. Wir würden jetzt noch da stehen, wenn George nicht nach dem Helm gegriffen hätte. Die beiden sind auch auf dem Rückweg, haben ausschließlich Kroatien bereist.

Die Sonne kommt hervor, aber warm wird es nicht. Wir fahren die 32 Richtung Delnice zur Grenze bei Brod na Kupi. Meinen Kaffee bekomme ich erst in Slowenien, also voran und Gas. Die Dörfer sind sehr übersichtlich, die Strecke kurvenreich und landschaftlich ansprechend, obwohl das auf der Karte nicht ersichtlich ist.

In Slowenien kaufen wir überlebenswichtige Dinge im Supermarkt: Kaffee, Bier und eine Straßenkarte von Slowenien. George möchte noch gerne 100 Kilometer weiter fahren als geplant. Das mache ich aber nicht mit. Es ist schon 15:30 Uhr und wie ich uns kenne, dauerte das Finden des Hotels mindestens bis 18:00 Uhr.

Der Garmin hat ein Hotel. Unsere ein-programmierten Routen sind aber eher irreführend. Wo der Tom Tom überall abbiegen wollte! Wir entscheiden uns für den Ort *Cerknica* an der 212. Komisch, der Tom Tom findet kein Hotel, aber der Garmin.

Nun ja, das Hotel ist mitten im Wald an einer Schotterstrecke. Nach, sagen wir mal festgefahrene Lehmdecke mit kleinen Steinchen drauf. Nicht gerade das, was ich mir bei drohendem Regen jetzt wünschen würde. Das Hotel gibt es tatsächlich, leider sieht es sehr geschlossen aus. Die Umgebung wirkt, als sei das schon länger so. Wir sind in einem landschaftlich interessanten Höhlengebiet, nur will ich jetzt gar keine Höhle mehr besuchen.

Ich habe keinen Bock mehr und will endlich runter vom Motorrad. JETZT!

In Wikipedia nachgelesen, handelt es sich bei den Höhlen von *Postojna* um die zweitgrößten für Touristen erschlossene Tropfsteinhöhlen der Welt. Sie umfassen 20 Kilometer an Höhlengängen und werden teilweise mit einem Zug befahren! http://www.postojnska-jama.eu/de/heim/

Schade, dass wir keine Zeit mehr haben, aber vielleicht ergibt sich in der Zukunft mal eine Gelegenheit, die Höhlen und den Park kennenzulernen. Also suchen wir ein anderes Hotel in der Hoffnung, dass es nicht auch pleite gemacht hat. Und jetzt schifft es noch mal richtig, gut, dass die Lehmstrecke mit Steinchen hinter uns liegt.

Das Sporthotel in *Postojna* hat seine Glanzzeit hinter sich, wirkt wie ein Bauarbeiter- und Monteurhotel, lässt sich aber die Nähe zur Naturschönheit mit 75 Euro pro Nacht gut bezahlen.

Der Teppichboden strömt den Muff von Tausenden von Schuhsohlen und verschütteten

Getränken aus, die Gebrauchsspuren sind deutlich zu erkennen.

Dafür hat es einen Aufzug und eine Tiefgarage. Zu essen gibt es dort auch nichts, aber eine Pizzeria 50 Meter weiter macht dieses Manko mehr als wett.

26. Mittwoch, 25.05.2016. Nach Österreich.

Kaum zu glauben, der Monat Mai ist fast schon rum! Der Urlaub neigt sich dem Ende zu. Das Wetter hält, wir fahren bei 16 Grad um 09:30 Uhr los. Auf dem Plan der Vršič- und der Wurzenpass (slowenisch *Korensko sedlo*) über die **206.**
Der Vršič-Pass ist mit 1611 Höhenmetern der höchste asphaltierte Gebirgspass in Slowenien und wie die meisten grenznahen Pässe eine ehemalige Militärstraße, die während des Ersten Weltkrieges von russischen Kriegsgefangenen gebaut wurde.

Die zahlreichen, super engen Spitzkehren haben als Besonderheit und Leckerbissen im Regen für Abenteurer Kopfsteinpflaster.

Aber wir haben trockenes Wetter und die beiden Pässe sind anstrengend, aber gut zu fahren. Die Landschaft ist klasse.

Wir fahren bis Tamsweg und finden ein Hotel, welches im Einrichtungsstil mit detailverliebten Holzvertäfelungen von vergangenen Zeiten erzählt.

27. Donnerstag, Fronleichnam, 26.05.2016. Nach Türkenfeld, Deutschland

Weißbier- Ursprungsland. Der Feiertag beschert uns eine Menge Verkehr und Staus auf den Straßen. George fährt die acht Kilometer lange Tatzelwurmstraße, eine Straße im nördlichen Mangfallgebirge in Bayern, mit dem bekannten Motorradtreff Café Kotz bzw. Simones Bikertreff. Die Straße führt über den Sudelfeldpass mit 1123 Höhenmetern.

Einen schlechteren Tag hätten wir uns nicht aussuchen können.

Es ist voll, mehr als voll, sehr viel Polizeipräsenz. Motorradfahrer in der Überzahl, das Grüßen lohnt nicht. Wir trinken in diesem berühmten Biker Café keinen Kaffee, sondern pausieren nur kurz auf dem Parkplatz. Die Strecke mit weniger Verkehr muss grandios sein.

Es geht weiter nach Türkenfeld. Der Garmin empfiehlt: Gasthof Hartl.

Der Wirt des Familienbetriebes

http://www.gasthof-hartl.de/ Gasthof Hartl

„Zum Unterwirt" braut es selbst, der Biergarten präsentiert sich so, wie man es von Bayern erwartet. Das Essen zünftig bayrisch mit süßem Senf. Im Hotel hat sich ein Innenarchitekt ausgetobt. Die Farben und Einrichtungen sind stimmig und springen einem förmlich ins Auge, ohne holzmäßige Überfrachtung wie in Österreich.

28. Freitag, 27.05.2016. Nach Hause.

Uns droht kurz vor der Ankunft in Karben - na was wohl? Richtig, ein Gewitter. Wir kommen um 19:30 Uhr wohlbehalten und fast trocken an.
Und wie das bei einer Rückkehr so ist - Wehmut über die schnell vergangene Zeit, Verarbeitung der Eindrücke, Auswerten der Fotos, Überarbeiten des Reiseberichts.

Ich freue mich, zuhause zu sein, ich bin traurig, weil es vorbei ist. Ich hoffe, ich konnte ein Bild von Albanien und Montenegro vermitteln, was euch inspiriert, diese Länder zu bereisen.

Und zwar bald. Bevor der Tourismus vollends Fuß fasst und einen nichts Außergewöhnliches mehr erwartet.

29. Weitere Veröffentlichungen der Autorin

Eine Sammlung von Kurzgeschichten um die alltäglichen Tragiken beim Motorradfahren, als eBook und als Printausgabe mit 150 Seiten.

Madeira mit dem Motorrad

Marbie Stoner

Die Kurven machen süchtig

Marokko muss man erlebt haben! Reisebericht „Nördliches Marokko mit dem Motorrad", auf eigene Faust in einer Kleingruppe. Etappen der Extreme: Berge, Pässe, Wüste und Küste in drei Wochen. Ohne Garmin und mit unzuverlässigen Landkarten.

Marbie Stoner

Marokko mit dem Motorrad

Eine Reise für
Unerschrockene

Marbie Stoner

Balkan &
Bulgarien mit
dem
Motorrad

Für die, die mehr wissen
wollen

Und die Balkansucht begann hier! Länder für Aktivurlauber und ein El Dorado an Kurven.

Bulgarien bietet Bilder voller Gegensätze: Pferdekarren im dichten Stadtverkehr, Rinder, Schafe, Ziegen am Straßenrand, Pirin- und Rilagebirge und die sanften Hügel der Rhodopen im Süden.

Aus anderer Landschaft

Geschichten für Reisende

Marbie Stoner

Eine Kurzgeschichtensammlung über *die* Tragiken des Alltags, über die man lieber nicht spricht, aber gerne liest und sich freut, dass es einen nicht selbst getroffen hat.

Stellen Sie sich vor, Ihr Ehemann öffnet Ihnen die Türe, hat ein Messer im Bauch und riecht nach E605. „Das Abwasser läuft in die Wand!", sagt er.

Ich freue mich über Fragen, Rezensionen, oder eigene Erfahrungen mit Albanien & Montenegro!

Besuchen Sie mich auf Facebook: https://www.facebook.com/marbiestoner/

Die linke Hand zum Gruß!